Claudia Langer

# DIE GENERATION
# MAN MÜSSTE MAL

W0065207

**ÜBER DIE AUTORIN:**

Claudia Langer, 47, Unternehmerin und Gründerin der Internetplattform **www.utopia.de,** die über 2 Millionen Besuchern im Jahr Antworten auf alle Fragen des nachhaltigen Lebens gibt. Noch im Gymnasium gründete sie ihre erste Firma, Avantgarde, die heute zu den größten Eventagenturen Deutschlands zählt, 1992 dann die Werbeagentur start, die sie 2004 verkaufte, um sich ihrer Familie zu widmen. Während dieser Auszeit entstand die Idee zu Utopia, die sich als Aktiengesellschaft dem Social Entrepreneurship und als Stiftung dem gesellschaftlichen Wandel verschrieben hat. Claudia Langer ist eine gefragte Gesprächspartnerin und berät Unternehmen, Politik und Medien. Sie ist Mitglied in zwei Aufsichtsräten und dem Kuratorium des Öko-Instituts. Sie lebt in München.

Claudia Langer

# DIE GENERATION

# MAN

# MÜSSTE

# MAL

## EINE STREITSCHRIFT

DROEMER

**Besuchen Sie uns im Internet:**
**www.droemer.de**

© 2012 Droemer Verlag
Ein Unternehmen der Droemerschen Verlagsanstalt ·
Th. Knaur Nachf. GmbH & Co. KG, München
Alle Rechte vorbehalten. Das Werk darf – auch teilweise – nur mit
Genehmigung des Verlags wiedergegeben werden.
Lektorat: Sabine Wünsch
Umschlaggestaltung: studiostrada, München
Umschlagabbildung: © FinePic®, München
Autorenfoto S. 2: © Utopia AG / Philippe Stalla
Satz: Adobe InDesign im Verlag
Druck und Bindung: CPI – Ebner & Spiegel, Ulm
Printed in Germany
ISBN 978-3-426-27576-4

2   4   5   3   1

*Für M, M, L und F, die mich lehren, an mir zu arbeiten, und die mir die Liebe, die nötigen Widerworte, die Kraft und das Selbstvertrauen geben, jeden Tag ein Stückchen besser zu werden.*

**Ohne Euch: nichts.**

*Und für all die Menschen, von denen ich lernen und bei denen ich Rat suchen durfte. Von Herzen Dank!*

# Inhalt

Teil 1

# MEINE ANKLAGE

Hoffnung ist eben nicht Optimismus.
Es ist nicht die Überzeugung,
dass etwas gut ausgeht,
sondern die Gewissheit,
dass etwas Sinn macht –
ohne Rücksicht darauf,
wie es ausgeht.

VÁCLAV HAVEL

# ICH KLAGE AN

Liebe Leserin, lieber Leser,

**ich klage Sie an.**

**Ich klage Sie an, zur Generation »Man müsste mal« zu gehören.** Zu einer Generation, die zu oft schon gesagt hat, was sie tun könnte, um diesen Planeten und unser Leben nachhaltig zu verbessern, es aber nicht in ausreichendem Maß getan hat.

**Ich klage Sie an,** nur kleine Schritte zu tun, die Ihr Gewissen beruhigen, anstatt endlich die großen Hebel anzusetzen.
Ich klage insbesondere Euch Berliner Prenzlauer-Berg-Yuppies an, die Münchener Glockenbach-Boheme und die grüne Hamburger Schanzenviertel-Szene. Sowie alle grünen Lifestyle-Milieus dieser Welt. Ich klage Euch an, Eure Rücksichtslosigkeit moralisch zu legitimieren, indem Ihr »Gutes« tut, jedoch nicht mit all Eurer intellektuellen Kraft, all Eurer Macht und Eurem Geld das zu tun, was zu tun ist.

**Ich klage mich selbst an.** Ich klage mich an als Teil der Generation »Man müsste mal«, zu oft in abendlichen Runden mit Freunden die Welt analysiert und Probleme benannt und dann die Erkenntnis nicht konsequent umgesetzt zu haben.

**Ich klage mich an,** noch immer mit meiner eigenen Konsumlust zu kämpfen, noch immer zu viel zu fliegen und noch immer weniger zu tun, als möglich ist.

**Ich klage Sie als Eltern an.** Ich klage Sie an, den Lebensraum Ihrer Kinder aufs Spiel zu setzen und ein gehetztes, von Konsum und Stress bestimmtes Leben zu führen, das Ihnen Ihre Kinder nachahmen werden. Vor allem aber, dass Sie die Zukunft Ihrer Kinder ziemlich kaltblütig verspielen, weil Sie im Hier und Jetzt nichts anderes wollen, als Ihren Status quo mit allen Mitteln zu verteidigen.

**Ich klage Sie als Großeltern an.** Ich klage Sie an, sich darauf auszuruhen, genug getan zu haben, und deshalb Ihr Wissen und Gewissen (Hallo 68er!) nicht für die Generation einzusetzen, die Sie Ihre Enkel nennen.

**Ich klage Euch als junge Leser und Enkel an.** Ich klage Euch an, Eure Eltern und Großeltern viel zu wenig unter Druck zu setzen, mehr für Eure Zukunft zu tun. Stellt Eure Forderungen, hört auf, Euch anzupassen! Kämpft endlich! Die anderen werden es nicht für Euch tun.

**Ich klage Sie als Konsument an.** Ich klage Sie an, dass Sie ein Heuchler sind. Dass Sie behaupten, nachhaltig zu leben, weil Sie für sich und Ihre Familie Biolebensmittel kaufen und doch den Rest der Welt vergessen, weil sie bei ihren Konsumimpulsen gern wichtige Themen wie Kinderarbeit, Umwelt und Soziales ausblenden.

**Ich klage Sie als Manager an.** Ich klage Sie an, sich auf dem Mantra »The business of business is business« auszuruhen und Ihre Verantwortung und Ihre Möglichkeiten nicht wahrzunehmen, eine wichtige, gestaltende Macht in diesem Land zu sein. Ich klage Sie an, Ihr Potenzial und Ihre Macht nicht ausreichend einzusetzen, um das Leben und das Leben Ihrer und unserer Kinder nachhaltig zu verbessern.

**Ich klage Sie als Politiker an.** Ich klage Sie an, die Hauptaufgabe der Politik – vorausschauende Gestaltung und Sicherung der Zukunft – zu vernachlässigen und stattdessen egozentrische, machtbezogene und nur für eine Legislaturperiode geltende Politik zu machen.

**Ich klage Sie als Wissenschaftler an.** Ich klage Sie an, Ihr Potenzial nicht aktiv zu nutzen. Ich klage Sie an, Ihren Idealismus und Ihre leidenschaftliche Motivation gegen Resignation und Verbitterung eingetauscht zu haben.

**Ich klage Sie als die Eliten dieses Landes an.** Ich klage Sie an, dass Sie sich Ihre Verantwortung für eine ökologisch und sozial gerechte Welt nicht bewusstmachen. Ich klage Sie an, dass Sie weder Ihre Vorbildfunktion wahrnehmen noch bei wichtigen Themen wie dem Klimawandel vorangehen. Sie sind die Menschen, die wir besonders gefördert, finanziert und ausgebildet haben und derer wir als Gemeinschaft uns sicher waren, dass Sie Ihren Einfluss sinnvoll nutzen.

Besonders Ihnen allen gilt dieses Buch. Ihnen, die mit der Macht und der Möglichkeit ausgestattet sind zu gestalten. Und das sind viele: von der Kindergärtnerin, dem Vereinsvorsitzenden, dem Werber, der unsere Konsumbedürfnisse weckt und anheizt, bis zu den Wirtschafts- und Politikspitzen. Sie haben die Macht und den Einfluss, Menschen in Ihrem Umfeld auf andere Ideen zu bringen. Tun Sie es endlich.

**Hier beginne ich.**

# DIE GENERATION
# »MAN MÜSSTE MAL«

**Wir sind die Generation »Man müsste mal«.**
Wir sind umgeben von Freunden, Bekannten und Kollegen, die gebetsmühlenartig Sätze sagen wie »Man müsste mal zu einem Ökostromanbieter wechseln, gerade jetzt nach Fukushima und dem ganzen Wahnsinn«, »Man müsste mal zu einer ethischen Bank wechseln, die Finanzbranche macht doch ihr Geld mit Waffen und Ausbeutung«, »Man müsste sich mal endlich politisch einmischen!«, »Man müsste mal wieder Urlaub in Deutschland machen; ist doch gar nicht nötig, immer in den Flieger zu steigen«, »Man müsste mal endlich aussteigen aus dem verdammten Hamsterrad, das Tempo bringt einen noch zum Burnout.« Die Liste ließe sich beliebig fortsetzen. Ich verzweifle an meinen Freunden, ermuntere und motiviere sie und kann sie dennoch verstehen. Denn ich kenne das Phänomen nur allzu gut von mir selbst. Mal ist es der innere Schweinehund, dann sind es vermeintliche Sachzwänge, die Hektik des Alltags, der Job, die Geldsorgen, die uns vorgeben, was wichtig ist und was man problemlos auf die lange Bank schieben kann.

Eigentlich wissen wir doch genau, dass wir handeln müssen. Wir leben in einer Welt, die kurz vor dem Kollaps steht: Das Bevölkerungswachstum nimmt drastisch zu, der Lebensraum nimmt ebenso drastisch ab. Es ist nur nicht so, dass diese Dinge wie von Geisterhand allein zu- oder abnehmen. Die Geisterhand, das sind wir. Sie und ich.

Unsere Welt ist geteilt. In dem einen Teil verblöden Kinder in einem gestrigen Bildungssystem und werden überernährt mit billigen Lebensmitteln, in dem anderen verhungern Kinder, weil wir es nicht schaffen, eine Welt zu gestalten, die alle teilhaben lässt. Wir, die es schaffen, eine komplette Bibliothek auf unser Smartphone zu packen, lassen Kinder verrecken. Ja, Sie haben richtig gelesen, und ich schreibe es noch einmal ganz deutlich: Wir lassen Kinder verrecken. Wir treiben unter anderem durch die Anlagepolitik unserer Lebensversicherungen die Preise an den Rohstoffmärkten und die Nahrungsmittelpreise in die Höhe; wir ruinieren mit unserer Gier nach billigem Palmöl die Existenzgrundlage anderer; unsere Pharmaindustrie verhindert die günstige Weitergabe von Medikamenten an Bedürftige. Wir sind süchtig nach Erdöl. Süchtig nach Fett. Süchtig nach Zucker. Süchtig nach allem. Unser Wachstum frisst die weltweiten Ressourcen. Wir hängen am Tropf der Ölkonzerne. Unsere Wirtschaft, unsere Mobilität, unser Lifestyle sind ölgemacht. Und wir machen mit – obwohl wir den Zusammenhang ganz genau kennen.

Rohöl wird immer teurer, weil es immer weniger gibt. Das macht es für die Konzerne wirtschaftlich, noch mehr Aufwand zu betreiben, um an Öl zu kommen. In Kanada werden inzwischen unter enormem Wasserverbrauch Ölsandvorkommen abgebaut, in Australien setzt die Ölindustrie Farmer unter Druck, ihr Ackerland für Bohrungen zu verscherbeln. Aus Agrarflächen werden verseuchte Wüsten. Im Golf von Mexiko wurde in einer Tiefe von beinahe 1300 Metern nach Öl gebohrt. Die Welt hängt am Öl wie ein Alki an der Flasche – was zählt, ist nur noch die Beschaffung.

**Wir leben ständig auf Pump, in Wirtschaft, Gesellschaft und Ökologie.** Wir nehmen der Erde mehr, als wir zurückgeben. Unsere Schulden müssen andere zurückzahlen. Wir sind dann längst nicht mehr da.

Ich bin mir als Teil meiner Generation bewusst, dass der ökologisch und sozial Handelnde heute immer noch der Doofe ist. Er zahlt freiwillig mehr für Lebensmittel, für Kleidung, für Energie. Er ist oft nicht so mobil. Er nimmt Nachteile in Kauf.

Und ich weiß, dass die Themen Ökologie, Umweltschutz und soziale Gerechtigkeit derart komplex sind, dass viele sich so verunsichern lassen, dass sie lieber Augen und Ohren zumachen. Motto: Das sollen die anderen machen. Ich weiß, dass jedes gute Argument für einen nachhaltigen Lebensstil in unserem Land gern mit dem Totschlagsatz »Wenn erst die Chinesen alle Auto fahren, kann man eh nichts mehr machen« im Keim erstickt wird. Ich weiß, dass viele sich moralisch überfordert fühlen und das einzige Gefühl, das ihnen bei diesen Themen bleibt, ein schlechtes Gewissen ist.

**Und wissen Sie was? Ich kann es nicht mehr hören.**

Wir stecken den Kopf in den Sand und setzen darauf, dass es so schlimm schon nicht werden wird. Hauptsache, wir können unseren Lebensstandard halten – oder am besten noch steigern. Auf wessen Kosten, das ist uns ziemlich egal. Wie oft haben wir von unseren Eltern den Satz gehört: »Ihr sollt es mal besser haben.« Tatsächlich sind wir eine Generation, über den Daumen gepeilt die Jahrgänge 1960 bis 1985, die es so gut hat wie kaum eine vor ihr. Wir sind gut ausgebildet, verdienen ganz ordentlich, konsumieren fleißig. Während unsere Eltern noch in die Zukunft geblickt haben, haben wir uns der Gegenwart ergeben.

Verantwortung? Für mich selbst – aber ja!

Eingeimpftes Lebensziel: Karriere machen. Wer nicht mindestens einmal stationär wegen Burnouts in der Klinik liegt, tut einfach nicht genug.

Für mehr reicht es nicht. Keine Kapazitäten mehr.

Weil uns die Zeit oder die Energie fehlt, delegieren wir unsere Verantwortung an Organisationen wie Greenpeace, *die* Wirtschaft oder *die* Politik, die es richten sollen. Verdrängung bringt uns aber nicht weiter. **Wir bestehlen unsere Kinder tagein, tagaus und bürden ihnen Lasten auf, gegen die sie sich nicht wehren können.** Wir stehlen ihnen die Zukunft, weil wir nicht einmal genug für unsere eigene Altersvorsorge zurücklegen und ein Rentenproblem vor uns herschieben, unter dem sie zusammenbrechen werden. Wir enthalten ihnen den wichtigsten Rohstoff vor, den wir in diesem Land zur Verfügung haben, nämlich Bildung. Wir rauben ihnen ihre natürlichen Lebensgrundlagen, indem wir die Natur zerstören.

Wie immer wir es gestalten: Wir müssen unser Leben besser führen. Erinnern Sie sich noch an die Studie »Zukunftsfähiges Deutschland« des Wuppertal Instituts für Klima, Umwelt, Energie? Sie erschien 1996. Erinnern Sie sich noch an die Konferenz über Umwelt und Entwicklung der Vereinten Nationen in Rio de Janeiro? Sie fand 1992 statt und ist damit 20 Jahre her. Dieses Jahr fand sie erneut statt. Was haben Sie damals gedacht, vielleicht sogar geschworen? Was haben wir erreicht? Wo stehen wir heute im Vergleich zu damals? Was ist aus all den anderen Umweltkonferenzen geworden, aus Al Gores viel beachteter »Unbequemer Wahrheit«? Wer erinnert sich noch an Leonardo DiCaprios »11th Hour – 5 vor 12«, an die weltweiten Live-Earth-Konzerte?

Die Aufbruchstimmung ist verflogen, sie wurde geschluckt von der Finanzkrise und unserem Unwillen, uns wirklich zu verändern, und unserer schier unendlichen Fähigkeit zu verdrängen. Ich bin deshalb mehr als froh, dass Sie mir zuhören. Denn um nichts anderes geht es mir, als mit Menschen ins Gespräch zu kommen, seitdem ich mich mit Haut und Haar dem Thema Zukunft verschrieben habe. Völlig beseelt von meinem Anliegen, glaube ich fest daran, dass dies ein notwendiges Buch ist. **Ich kann Ihnen aber nicht versprechen, dass es ein bequemes Buch wird, denn ich will Sie aufrütteln.**

Unser größtes Problem ist unsere Ohnmacht. »Was soll ich denn schon tun?«

**Es ist mir mit Verlaub egal, was Sie tun, Hauptsache, Sie tun etwas!**

Lesen Sie dieses Buch. Vielleicht werden Sie es nach wenigen Seiten weglegen, weil es Sie nervt, weil es nicht guttut, zu lesen, dass Sie verantwortlich sind – und alles wird so bleiben wie bisher. Oder lesen Sie dieses Buch und lassen Sie sich aufregen. Seien Sie genervt, aber trauen Sie sich. HALTEN SIE DURCH. Sie können – das verspreche ich Ihnen – die Bequemlichkeit, die faulen Ausreden, den Zynismus und auch die Ohnmacht überwinden. Ich hoffe, Sie werden eine Entscheidung treffen. Denn wissen Sie was? Ich glaube an Sie. Ich glaube an uns. Dies ist vielleicht kein angenehmes Buch. Aber es ist auch keine angenehme Situation, in der wir da gerade leben. Und wenn ich Ihnen in den nächsten Kapiteln etwas zumute, dann nur deshalb, weil wir gar keine andere Wahl haben, als jetzt ehrlich mit uns zu sein.

Die Zukunft ist unausweichlich.
Wie also wollen wir sie gestalten?

UNBEKANNT

# WER ICH BIN UND WARUM ICH DIESES BUCH SCHREIBE

Jetzt bin ich schon mittendrin, dabei wollte ich Ihnen erzählen, wie es überhaupt dazu kam, dass Sie heute dieses Buch in den Händen halten. Ich bin 47 Jahre alt und dreifache Mutter. Ich bin aufgewachsen als Tochter eines Pfarrers und einer Sozialpädagogin zwischen betonierter Trabantenstadt München-Neuperlach und Wochenend- und Ferienbesuchen in der Bauernhofidylle meiner Onkel und Tanten; Landwirte seit Generationen. Mit dreizehn habe ich zum ersten Mal einer Kuh das Fell über die Ohren gezogen, mit vierzehn Jahren konnte ich Traktor fahren und die Felder bearbeiten. Das prägt fürs Leben.

Am Ende der Ferien kam ich zurück in die feindlichen Häuserschluchten von München-Neuperlach, und ich habe es leidenschaftlich gehasst. In diesem Spannungsfeld bin ich groß geworden. Mit zwei debattenstarken Eltern, die sich viele Gedanken über Wohl und Wehe dieser Welt gemacht haben. Während mein Vater nächtelang mit uns die Analysen seiner Beobachtungen teilte und seinen Beitrag in der Gemeinde leistete, hatte meine Mutter entschieden, gesellschaftliche Verantwortung zu übernehmen, und engagierte sich hochpolitisch in einer Frauengruppe. Eines haben mir beide Eltern von klein auf mitgegeben: dass man sich einsetzen muss. Dass man Dinge nicht hinnehmen darf. Dass man etwas ändern kann. Und: muss!

Es waren politisch gesehen übersichtliche Zeiten: Es gab zwei Blöcke, einen im Osten und einen im Westen. Was gut und was schlecht war, erklärte die »Tagesschau«. Dann kamen der saure

Regen und der NATO-Doppelbeschluss. Die Sache wurde komplizierter und meine Stimmung düsterer.

Ich wurde auf Demos erwachsen, stellte mich in Menschenketten und bepflasterte meine Umwelt mit »Atomkraft? Nein danke!«- und »Stoppt Strauß!«-Aufklebern. Ich war hochpolitisiert und besorgt über den Gang der Dinge. Diese Besorgnis wich irgendwann dem übermächtigen Gefühl, dass am Untergang der Welt nichts mehr zu ändern sei. Ich war sicher, dass in wenigen Jahren der saure Regen den Wald vernichten würde und dass die Raketen der Supermächte Amerika und damalige Sowjetunion, die auf Deutschland gerichtet waren, irgendwann aus Versehen gezündet würden.

Als am 26. April 1986 Tschernobyl in die Luft flog, wich mein letztes Fünkchen Hoffnung auf ein einigermaßen gutes Leben. Ich entwarf mit meiner Familie Fluchtpläne, verfolgte den Weg der Wolke, rief dauernd das Institut für Strahlenschutz an und ging mit einem Geigerzähler in den Englischen Garten, wo die Menschen unbeeindruckt vom Piepen des Geräts im strahlenden Gras ihr Sonnenbad nahmen. Hatte mein Engagement irgendetwas gebracht? War irgendetwas besser geworden? Es schien nicht so. Ohnmacht ist ein schlimmes Gefühl. Ich entschied mich damals für den direkten Rückzug. Frustration pur.

Ich legte von einem Tag auf den nächsten das Palästinensertuch ab und ging in die Werbung. Für meine Eltern die maximale Höchststrafe. Für mich einfach nur logisch. Wenn schon Weltuntergang, dann bitte vorher noch mal ordentlich auf dem Vulkan tanzen. Einfach nicht mehr an die drohende Apokalypse denken, sich nicht mehr das Leben schwermachen, die anderen tun es ja auch nicht, und es hat ohnehin keinen Sinn. Und so lebte ich bewegt und oft sehr glücklich ein Leben, das mich in die Ferne zog, flog mit Helikoptern nach Manhattan und düste mit Speedbooten über den Lake Powell (Marlboro-Feeling). Das war nicht wirklich schlecht. Wir waren jung, wir waren

abenteuerlustig, wir wollten Spaß haben und das Leben auspressen wie eine Zitrone. Und das haben wir auch getan.
Ich bereue nichts.

Aufgewacht bin ich am 6. Januar 1999. Da hielt ich meinen erstgeborenen Sohn im Arm und wurde überschwemmt von so starken Gefühlen, einer so bedingungslosen Liebe, dass es mich schier überwältigte. Ich versprach meinem Sohn, was vermutlich alle Eltern ihren Kindern versprechen: Ich werde immer für dich da sein. Ich werde immer auf dich aufpassen. Du kannst dich auf mich verlassen. Damit begann meine Phase des Wiederaufwachens.
Mittlerweile habe ich drei Kinder und mein Mantra dreimal wiederholt. Wenn meine Kinder heute mit mir am Tisch sitzen, wenn wir spielen, wenn wir streiten, wenn wir kuscheln, geistert in meinem Kopf immer ein Gedanke herum: Was ist ein gutes, sinnvolles Leben? Was will ich ihnen ins Leben mitgeben?

Meine Kinder waren noch klein, als die weltweite Sensibilisierung für das Thema schlagartig zunahm. Fast muss man dankbar sein, dass die Naturkatastrophen zu Anfang des neuen Jahrtausends den Klimawandel endlich zum Thema machten.
Ich beschloss mit meinem damaligen Mann, unsere Werbeagentur zu verkaufen und ein Sabbatical einzulegen. Wir wollten mehr Zeit für unsere Kinder haben, Neues lernen und überlegen, mit welcher Unternehmensidee wir auf unserem nächsten beruflichen Weg unseren Beitrag für unsere Community, unsere Gesellschaft, leisten konnten.
Wir planten eine Reise nach Kanada. Mit einem Wohnmobil fuhren wir durch das Land. Es war ein Urlaub mit Schockwirkung. Wir erlebten, wie Baumaschinen Wege in Bergmassive sprengten, um Versorgungswege für die Holztransporter zu bauen; wir sahen Flugzeuge, die auf gigantische gerodete Waldflächen Grassamen streuten, die alles schnellstmöglich wieder

begrünen und den Raubbau vertuschen sollten – um den Preis, dass dort jetzt statt Bäumen nur noch Heidekraut wächst. Wir fuhren Hunderte von Kilometern durch abgestorbene Waldgebiete, vorbei an Flüssen, in denen Tausende Baumstämme trieben.

Und wenn ich mir heute meine Fotos ansehe, dann weiß ich noch, wie unfassbar mir das alles schien, so unfassbar, dass ich reflexhaft alle diese Narben der Natur mit meiner Kamera festhalten wollte. In Kanada habe ich die Erde bluten sehen. Es war kaum auszuhalten.

Gedanken können quälend sein: Wenn wir jetzt schon so dastehen, wie soll da die Zukunft unserer Kinder aussehen? Was hinterlassen wir da? Wes Geistes Kind sind wir, bin ich? Je länger wir durch die kanadische Wildnis fuhren, desto mehr Angst bekam ich. Nachts, während der schier endlosen Fahrten, diskutierten mein Mann und ich, was zu tun sei. Und weil ich nie mehr in die Angststarre meiner Jugend zurückfallen wollte, begann ich nach einer Möglichkeit zu suchen, mich einzubringen, mich nützlich zu machen. Ich wollte einen neuen Weg finden, der Menschen für die Frage nach einem nachhaltigen Leben in jeder Hinsicht begeistert. Ich fing an, ganze Bibliotheken zu verschlingen, las alles über nachhaltiges Wirtschaften, über gesellschaftliche Utopien und Systemdenker. Und kam zu der Einsicht: Du musst dich wieder zu Wort melden.

In meinen jungen Öko-Jahren ist mir immer die Frontenbildung auf die Nerven gegangen. Ich mag einfaches Denken nicht, glaube nicht an Schwarz-Weiß, und Menschen, die ganz sicher wissen, was richtig ist, machen mir Angst. Ich träumte stattdessen davon, dass wir gemeinsam für etwas sein könnten. Ich überlegte, dass das Internet die beste Möglichkeit bietet, viele Menschen zu erreichen, groß genug ist, um uns endlich zu bewegen, neue Dinge auszuprobieren und uns zu ändern.
Die Idee, ein Medium zu erschaffen, das als Scharnier zwischen

aufgeklärten Konsumenten und der Wirtschaft fungieren sollte, begeisterte jeden, den wir darauf ansprachen. Nach kurzer Zeit waren wir und ein paar Mitstreiter aus Wirtschaft, Medien und Wissenschaft ein festes Team, das gemeinsam die Internetplattform Utopia.de gründete. Es war ein Sprung in unbekannte Gewässer – wir waren Pioniere. Heute erreichen wir mit Utopia.de zwei Millionen Menschen im Jahr.

Wir hatten damals lange überlegt, wo wir den größten Hebel zur Veränderung und zur Eindämmung des Klimawandels ansetzen könnten. Da wir mehrheitlich aus der Kommunikation und der Wirtschaft kamen und Kunden sowie Hersteller gut kannten, wollten wir genau hier ansetzen. Die Logik war und ist zwingend. Als Verbraucher entscheiden wir jeden Tag mit unserem Geld darüber, was produziert und wie es produziert wird. Wenn wir uns dafür entscheiden, unsere Macht zu nutzen – und uns zu informieren. Auf Utopia.de tauschen sich Menschen aus, über Energiesparlampen bis hin zu gesellschaftlichen Visionen; sie treten in den Dialog mit Unternehmen, die nachhaltig wirtschaften oder sich auf den Weg gemacht haben – und sagen ihnen, was sie von ihnen erwarten. Utopia.de ist ein Thinktank für eine bessere Welt.

Von Anfang an war uns klar: Die Idee, die oft sperrigen Sachverhalte wie Energieeffizienz, Nachhaltigkeitsökonomie oder Wirtschaftsethik zugänglich und mitreißend zu transportieren, funktioniert nur, wenn wir glaubwürdig sind. Das Fundament der Website bildete von Anfang an ein Expertennetzwerk von namhaften deutschen Wissenschaftlern, die überzeugt waren von Utopia.de; darunter Prof. Dr. Peter Hennicke vom Wuppertal Institut für Klima, Umwelt, Energie, Dr. Rainer Grießhammer, Mitglied der Geschäftsführung des renommierten Öko-Instituts in Freiburg, und Menschen des öffentlichen Lebens wie Sandra Maischberger und Axel Milberg, die uns gerade beim Start Rückenwind gaben und bereit waren, ihren guten Namen für die Sache in den Ring zu werfen.

Dabei war die Ausgangssituation nicht einfach: Utopia startete mitten in die Finanzkrise hinein, die das Thema Nachhaltigkeit von einem auf den anderen Tag auf die hintersten Ränge der To-do-Liste setzte. Niemand sprach mehr davon. Die Angst vor den unmittelbaren Gefahren war größer. Erst retten wir die Banken und unseren Hintern, dann kümmern wir uns wieder um die Welt, so schien es. Als ob die Klimakrise warten würde, bis wir uns wieder ihrer annehmen können. Das Klima hat Kipppunkte, an denen Entwicklungen unumkehrbar und fatal werden. Wenn ein Land pleitegeht, ist das schlimm, aber gewöhnlich kommt es nach einer schweren Zeit von fünf bis sieben Jahren wieder ins Spiel. Wenn die Natur kippt und zum Beispiel der Golfstrom angehalten wird, dann ist das der Anfang vom Ende.

Trotz der schwierigen wirtschaftlichen Rahmenbedingungen: Utopia wirkte von Anfang an. Wir haben Briefe und Anerkennung aus dem Kanzleramt, Privataudienzen bei Ministern bekommen und Eintritt in die Welt der Supermächtigen, CEOs und Aufsichtsräte. Wir spürten nicht nur Begeisterung, sondern manchmal auch Beunruhigung über unseren Erfolg – das war das größte Kompliment. Wir merkten: Da bewegt sich was. Wir überzeugten die Telekom davon, die Rücknahmequote von Handys zu steigern – von 60 000 im Jahr auf eine Million in zwei Jahren; wir legten uns mit Wolfgang Clement an, als er zur Atomlobby wechselte, und holten die Umweltaktivisten Bianca Jagger und Randy Hayes vom World Future Council zu den Utopia-Awards, die jährlich von der Utopia-Stiftung an Initiativen und Unternehmen verliehen werden. Und wir fanden ein paar Hundert aktive Verbündete, die wie wir das Thema nicht aus dem Blickfeld von Medien, Wirtschaft und vor allem der Politik verschwinden lassen wollten. Das tat unendlich gut.

Utopia war für uns dabei nie der unerreichbare Ort, sondern wie es Heiner Geißler so schön sagte: der Ort, den es geben müsste.

Utopia hat mein Leben dramatisch verändert. Mein Handeln, Denken und Fühlen ist geprägt von der Überzeugung, dass es sich auch jetzt, wo die Welt sich abwendet von der Eindämmung des Klimawandels, der Armut und der Überbevölkerung, zu kämpfen lohnt. Ich halte Vorträge und Seminare in Schulen, Universitäten und Unternehmen, bin Mitglied in zwei Aufsichtsräten und berate Unternehmen und Nachhaltigkeitsinitiativen.

**Doch das alles reicht nicht.**
**Die Zeit drängt.**
**Der Klimawandel macht keine Pause.**
**Wir schon. Täglich und immer wieder.**
**Das muss sich ändern.**
**Bei jedem Einzelnen von uns.**

Ein Wüterich will sich nur abreagieren.
Der Zornige aber will agieren, er will etwas
verändern, er will nicht akzeptieren,
dass es angeblich keine Alternative gibt.
Ein Wüterich verliert den Kopf, der Zornige
bewahrt sich den Verstand. So ein Zorn gegen
die Ungerechtigkeit steht in biblischer Tradition.
Gott liebt die Zornigen.

HERIBERT PRANTL

# WARUM ES EINE STREITSCHRIFT SEIN MUSS

Ursprünglich hieß dieses Kapitel »Wir müssen reden«, aber das stimmt nicht. Wir müssen streiten, wir müssen ringen, wir müssen kämpfen. Mit reden allein werden wir die Aufgaben, die vor uns liegen, sicher nicht bewältigen.

Wir müssen uns entscheiden, wir müssen einen Standpunkt einnehmen (auch wenn wir ihn später korrigieren müssen).
Jetzt geht es darum, wie wir in Zukunft leben wollen, wie wir uns verhalten, ob wir in einer Gesellschaft der gnadenlosen Egoisten oder in einer emphatischen Gesellschaft leben wollen. Ob Solidarität ein Wert ist oder nicht, ob wir tatsächlich in einer »Nach uns die Sintflut«-Gesellschaft leben wollen oder nicht.
Und weil ich streiten will, erlaube ich mir, die Mittel einer Streitschrift zu benützen. Ich werde überspitzen, ich werde verkürzen, ich werde provozieren.
Der Charakter einer Streitschrift ist die Kritik an herrschenden Positionen in Politik, Wirtschaft, Wissenschaft und Gesellschaft. Die herrschenden Positionen, die ich in diesem Buch am meisten kritisieren werde, sind unser Desinteresse und unser Phlegma, gepaart mit guten Reden am Sonntagstisch.
**Wir brauchen keine Sonntagsreden. Wir brauchen eine positive Utopie.**
Leider sind uns in den letzten Jahrzehnten Utopien gründlich ausgetrieben worden – »wer Visionen hat, sollte dringend einen Arzt aufsuchen«. Mit diesem geflügelten Wort des von mir ansonsten sehr geschätzten Altkanzlers Helmut Schmidt wurde

viel von dem kaputt gemacht, was wir dringend gebraucht hätten: Kreativität, kritisches Hinterfragen des Geschehens und, und, und.

Dabei waren alle großen Gedanken zunächst Utopien.

Utopien brauchen Austausch, Debatte, Disput. Und der kann nur entstehen, wenn die Beteiligten klare Standpunkte vertreten. Da müssen wir wieder hin.

Nur wenn wir große Ideen entwickeln, kann daraus ein Plan, ein Ziel entstehen. Und nur wenn wir ein Ziel haben, können wir losgehen.

Wir brauchen Konzepte, einen neuen Gesellschaftsentwurf, eine Graswurzelbewegung, die sich einmischt und Denkblockaden auflöst.

Wir müssen aufhören, stumm der Herde hinterherzurennen, und anfangen, Zukunft neu zu denken.

Es ist nicht immer leicht, den Hintern hochzukriegen und etwas zu tun. Aber es fühlt sich verdammt gut an, wenn man es geschafft hat. Zukunft ist kein Zuschauersport. Sie ist schlicht unausweichlich. Das Gute daran ist, dass wir sie gestalten können. So oder so.

Wenn ich mir ansehe, wie wenig sich in den letzten Jahren in der Welt zum Besseren verändert hat, wird mir ganz anders. Die von allen Regierungen mit viel Tamtam verabschiedeten Millenniumsziele sind weitgehend verfehlt worden, sowohl was den Klimaschutz angeht als auch die Lösung der Verteilungsprobleme bei Nahrung oder Trinkwasser. Die Finanzkrise hat alle gelähmt, und angesichts der wenig erbaulichen Zukunftsaussichten hat sich eine egoistische »Rette sich, wer kann«-Mentalität breitgemacht. Und zwar nicht nur in Politik und Wirtschaft, sondern bei uns allen.

Wir denken in kurzfristigen Zyklen, die, wenn überhaupt, unsere eigene Lebensspanne umfassen; Manager denken eher in Quartals- und Jahresetappen, Politiker maximal von einer Wahl zur anderen. Hier und da finden sich ein paar halbherzige Ansätze und Korrekturen, aber ein übergeordnetes Konzept, eine Vision, eine Weichenstellung, die diesen Namen verdienen würde, gibt es nicht. **Wir alle stecken den Kopf in den Sand, wir wissen, dass etwas getan werden muss, aber wir haben uns entschieden, uns nicht zu entscheiden.**

Diese Vermeidungshaltung hat verheerende Folgen nicht nur für die nachkommenden Generationen und für die Umwelt, sondern auch für das soziale Gefüge in unserer Gesellschaft. Wir leben vor uns hin, blenden die Zukunft aus und übersehen dabei, wie massiv wir den Ast bereits angesägt haben, auf dem wir sitzen. Ich möchte so nicht leben, denn ich bin es gewohnt, dass man Probleme, die man sieht, auch angeht. Sicher, es sind komplexe Herausforderungen, vor denen wir stehen, und es gibt keine einfachen Lösungen – aber wenn man erst gar nicht versucht, etwas zu ändern, kann man nur verlieren.

Ich möchte die Zukunft meiner Kinder jedenfalls nicht dem allgemeinen Desinteresse opfern. Wir sind an einem Punkt angelangt, an dem wir handeln müssen. Und zwar jeder Einzelne von uns. *Wir* sind in der Pflicht, nicht die anderen. Ich weiß, wie schwer es ist, gewohnte Strukturen zu verändern und nachhaltig zu leben, ich kämpfe selbst täglich mit meinem inneren Schweinehund. Aber ich versuche, ein paar wenige Dinge richtig zu machen.

Natürlich bin ich keine Heilige, natürlich liebe ich Reisen, natürlich fliege ich viel zu viel, und vegetarisch lebe ich immer noch nicht, trotz allerbester Vorsätze. Aber ich gebe mir ehrlich Mühe, die Welt im Rahmen meiner Möglichkeiten so zu hinterlassen, dass sie auch für nachfolgende Generationen noch lebenswert ist. Und ich weiß, dass eine Gesellschaft, die sich offen und engagiert Problemen stellt, die Zusammenhänge erkennt und aktiv handelt, die bestmögliche ist.

Schon in der Bergpredigt heißt es: »Eure Rede aber sei: Ja, ja, nein, nein. Was darüber ist, das ist von Übel.« Matthäus hat uns schon vor 2000 Jahren ins Stammbuch geschrieben, wie wichtig es ist, eine klare Position zu beziehen und danach zu handeln. Wir dürfen nicht länger in unserer Ohnmachtsstarre verharren, Entscheidungen vertagen und die Lösung drängender Probleme auf nachfolgende Generationen abwälzen. Es mag sein, dass wir nur in den Abgrund blicken. **Den nachfolgenden Generationen aber geben wir noch einen kräftigen Tritt.** Mutwillig und ohne mit der Wimper zu zucken.

Wir haben die seltene Chance, eine gemeinsame
und verbindende Aufgabe zu bewältigen,
und das im Hochgefühl eines überzeugenden
moralischen Ziels.

AL GORE

Und ich möchte gern hinzufügen:
eine dringende Aufgabe.

Teil 2

# DIE WELT HAT
# EINEN BURNOUT

Was ist das Burnout-Syndrom?
Ein Burnout beschreibt das Ausbrennen eines Menschen. Man sagt gemeinhin, seiner physischen Kraft und seiner Seele. Er fühlt sich erschöpft, das Leben erscheint sinnlos, die Ideale sind tot. Er wirkt gleichgültig, zynisch, am Ende. Die weiteren Symptome: Aggression, Autoaggression, Depression, Sucht, bis hin zum Selbstmord. **Das Burnout-Syndrom ist per definitionem keine Krankheit, es gilt als Problem der Lebensbewältigung.**

Wir kommen nicht mehr klar. Leben zu schnell. Sinnlos. Verfallen dem Stress. Rasen unserem Leben hinterher. Bis der Kollaps kommt und wir zusammenbrechen. Es ist das Phänomen unserer Zeit. Im Kleinen wie im Großen. Die Welt steht kurz vor dem Burnout? Ganz ehrlich: Die Welt ist längst im Burnout! Jegliche Krisen wie der Klimawandel oder die Finanzkrise, neue Konzepte wie die der Globalisierung haben die Welt und jeden Einzelnen an den Rand der Belastbarkeit gebracht. Die Psyche unserer Weltgemeinschaft hat keine Kraft mehr. Wir sind verroht. Mitgefühl, Verantwortung, Empathie? Fehlanzeige.

Die physische Kraft unseres Planeten und jedes Einzelnen ist erschöpft. Wir leben in ständigem Konsum, und gleichzeitig fehlt es uns an Energiereserven, weil unsere Ressourcen immer weniger werden. Unsere eigenen Ressourcen: unsere Zukunftschancen, unsere Berufschancen. Unsere Energie schrumpft. Unser Lebensraum schrumpft. Die Luft wird dünner. Alles keine schönen Nachrichten. Die gute ist: Wir sind keine ferngesteuerten Maschinen (obwohl es manchmal so wirkt) und können alles, wirklich alles in diesem Leben gestalten. Wenn wir nur wollen. Wollen wir den Wandel – oder wollen wir abwarten, bis er uns überrollt?

Es gibt zum Glück Therapien, die den Betroffenen helfen können. Eine erste Hilfe ist eine Kurz- oder Verhaltenstherapie. Kurzfristiges Verhalten ändern, das haben wir – oder zumindest einige von uns – im Einzelnen schon geschafft. Wir kaufen biologische Lebensmittel, wir beziehen Ökostrom. Weil es die anderen auch machen, weil es die Medien sagen, weil es das Angebot gibt. Nach Lebensmittelskandalen sind wir die Ersten, die auf konventionelles Geflügelfleisch verzichten. Aber dann, drei Wochen später? Verfallen wir wieder in unser altes Muster.

Wir brauchen langfristige Hilfe – darum geht es in diesem Buch. Wir brauchen eine neue Idee über uns in dieser veränderten Welt. Wer sind wir, was zeichnet uns aus, was sind unsere Werte? Welche Glaubenssätze haben wir verinnerlicht?
Uns Deutscher liebster Glaubenssatz ist, dass Wachstum wertvoll und wichtig ist. Ein Kernsatz für den Burnout.
Unser neuer Glaubenssatz könnte sein, dass Wohlstand wertvoll und wichtig ist. Wie wollen wir diesen Wohlstand definieren?

In einer Burnout-Therapie geht es um die Arbeit an neuen Zielen und an Selbstsorge. Es ist ein Gegenentwurf zur ständigen Angst, die »Dinge nicht mehr zu schaffen«, ein Gegenentwurf zur Ohnmacht. Wir kennen diesen Tunnelblick nur zu gut, und es ist schwer, davon wieder loszukommen. Aber es ist machbar. Ich möchte mit diesem Buch auf unsere negativen Verhaltensweisen aufmerksam machen. Auf unser Phlegma und unsere Verantwortungslosigkeit. Ich möchte zeigen, dass wir nur einen kleinen Schritt davon entfernt sind, den Teufelskreis zu durchbrechen.

Wir können mit einem tieferen Selbstverständnis, einer größeren Vitalität und deutlich kreativer leben. Engagierter. Jeder Einzelne sowie die ganze Weltgemeinschaft. Die Entscheidung findet allerdings nicht nur im Kopf statt. Wir müssen sie fühlen. Da muss der Bauch ran.

Viele unserer umweltbewegten Freunde haben mich in den 1980er Jahren fürchterlich mit einem Spruch genervt, der als *der* Spruch der westdeutschen Umweltbewegung zumindest in unsere Aufkleber- und Plakatgeschichte eingegangen ist. Es ist die Weissagung der Cree-Indianer: »Erst wenn der letzte Baum gerodet, der letzte Fluss vergiftet, der letzte Fisch gefangen ist, werdet ihr merken, dass man Geld nicht essen kann.« Heute denke ich: Ureinwohner besitzen einen Wert, der in unserer zivilisierten Welt verschwunden ist: Ehrfurcht.

**Ehrfurcht. Lange nicht gehört, nicht wahr?** Klingt nach alten Werten, nach vergangenen Zeiten. Wann waren Sie das letzte Mal ehrfürchtig? Als Sie die Sterne am Himmel betrachtet haben? Als Sie Ihren Kindern in die Augen geschaut haben? Als Sie durch den Wald gegangen sind und die Baumkronen den Blick in den Himmel versperrt haben? Wenn ich mir die Erde mit Blick aus dem Weltall vorstelle, sehe ich eine wunderschöne blaue Kugel mit einer hauchdünnen, zarten Atmosphäre. Einem zehn Kilometer breiten Schutzschild, der der Belastung unserer Zivilisation ausgesetzt ist. Wie lange wird sie es noch aushalten?

Es gibt Themen, die brennen jetzt: Hunger und Klimawandel sind Folgen unseres täglichen, ignoranten Handelns. Unser Konsum macht uns krank. Unsere Demokratie ist in Gefahr. Unsere Bildung ist nicht mehr zeitgemäß. Wir machen Schulden, während Banken unseren Staat bestimmen.

**Die Welt brennt aus. Wir merken es nur nicht, weil es uns noch nicht weh tut.**

Zum ersten Mal in der Geschichte
hängt das physische Überleben
der Menschheit von einer radikalen
Veränderung des Herzens ab.

ERICH FROMM

# HUNGER TUT WEH

**»Jedes Kind, das heute verhungert, wird ermordet.«**

Dieses Zitat geht auf den Schweizer Soziologen Jean Ziegler zurück. Ich ergänze: ermordet durch unsere Ignoranz, durch unsere Feigheit und durch unsere Unterlassung auf Hilfeleistung. Hunger tut weh: »Bei unterernährten Kindern setzt der Zerfall nach wenigen Tagen ein. Der Körper braucht erst die Zucker-, dann die Fettreserven auf. Die Kinder werden lethargisch, dann immer dünner. Das Immunsystem bricht zusammen. Durchfälle beschleunigen die Auszehrung. Mundparasiten und Infektionen der Atemwege verursachen schreckliche Schmerzen. Dann beginnt der Raubbau an den Muskeln. Die Kinder können sich nicht mehr auf den Beinen halten. Ihre Arme baumeln kraftlos am Körper. Ihre Gesichter gleichen Greisen. Dann folgt der Tod.« (Jean Ziegler in seiner ungehaltenen Rede zur Eröffnung der Salzburger Festspiele 2011)

Hunger macht mich betroffen. Hunger ist ein quälendes Thema, das uns alle angeht, wenn wir es denn an uns heranlassen. Es ist so quälend, weil es scheinbar seit Jahren bearbeitet wird, doch nichts passiert. Wenn ich die UN-Millenniumserklärung aus dem Jahr 2000 lese, schüttelt es mich. Dort steht neben vielen hehren Resolutionen Folgendes: »Wir treffen ferner den Beschluss, bis zum Jahr 2015 den Anteil der Weltbevölkerung, dessen Einkommen weniger als 1 Dollar pro Tag beträgt, und den Anteil der Menschen, die Hunger leiden, zu halbieren, sowie bis zu demselben Jahr den Anteil der Menschen, die hygienisches Trinkwasser nicht erreichen oder es sich nicht leisten können, zu halbieren.«

Lese ich dies jetzt, klingt es fast höhnisch. Dass man dieses Ziel damals unterschrieben hat, scheinbar ohne den Willen, das Problem ernstlich anzugehen – und viel zu wenig dafür getan hat, scheint wie ein Verbrechen.

Jean Ziegler kämpft seit Jahren für das Recht auf Nahrung. Das Recht auf Nahrung ist ein Menschenrecht. Wann haben Sie das letzte Mal oder überhaupt je für ein Menschenrecht gekämpft? Es ist kein einfacher Kampf, und es ist, wie alle Themen dieses Buches, kein einfaches Thema. Unsere Weltprobleme sind komplex. So komplex, dass wir immer wieder vor ihnen kapitulieren. Das kann und darf jedoch nicht der Weg sein. Was also ist der Weg? Wir müssen uns den Dingen annähern. Was sagt es über uns aus, wenn wir wissen, es ist genug von allem da, wir wollen es nur nicht teilen? Wenn wir wirklich teilen wollten, dann könnten wir es organisieren. Meinen Sie nicht? Wir erschrecken uns über die Nachrichten und Bilder verhungerter Kinder und spenden. Und machen dann weiter, als wäre nichts gewesen, denn was sollen wir schon tun? Das kann nicht die Antwort sein. Von den fast sieben Milliarden Menschen auf der Erde leidet rund eine Milliarde unter Hunger. Die Welternährungsorganisation FAO hat errechnet, dass täglich mindestens 17 000 Kinder an Hunger oder seinen Folgen sterben. Dabei könnte die weltweite Landwirtschaft heute problemlos Nahrung für zwölf Milliarden Menschen produzieren – also mehr als genug für die derzeit sieben Milliarden. Mit anderen Worten: Hunger ist kein Naturgesetz, sondern Ausdruck eines dramatischen Verteilungsproblems. Die Verantwortlichen sind wir. Und wir sind es auch, die Hunger endlich zum Thema machen müssen.

Wir leben in einer Welt, in der westliche Staaten in Dritte-Welt-Ländern Pflanzen zur Gewinnung von Biosprit und Getreide als Futter für Kühe anbauen, anstatt das Ackerland der dortigen Bevölkerung zu überlassen. Wir leben in einer Welt, in der die EU im Jahr 2008 500 Milliarden Euro für die Rettung der Banken bereitstellte, während der Etat des Welternährungsprogramms um 40 Prozent gekürzt wurde. Das World Food Programme (WFP) der Vereinten Nationen hat errechnet, dass 2009 rund 196 Millionen Euro nötig gewesen wären, um zum Beispiel die Hungernden Asiens zu versorgen. Bereitgestellt wurden nicht einmal 60 Millionen, ein Jahr später waren es nur noch 45 Millionen Euro. Lächerliche Summen, vor allem dann, wenn man sie mit den Managergehältern vergleicht, die 2012 in deutschen Unternehmen gezahlt wurden. Allein der VW-Vorstandsvorsitzende bezog 17 Millionen Euro. Eine andere Zahl: Die europäischen Zuckersubventionen würden allein ausreichen, um den Hunger in großen Teilen der Welt zu stillen. Was sagt das eigentlich aus über den Wert, den wir einem Menschen beimessen? Die Staatengemeinschaft hat, wie schon gesagt, seit der UN-Millenniumserklärung nichts Maßgebliches getan, um ihrem proklamierten Ziel nahezukommen. Hunger hat einfach keine Priorität. Schlimmer noch, die Staaten sehen der Spekulation um Nahrungsmittel und Ackerland, eine Ursache des Hungers, klaglos zu.

Laut der Verbraucherorganisation Foodwatch haben Kapitalanleger mehr als 600 Milliarden US-Dollar in Papiere für Wetten auf Preise von Rohstoffen wie Mais und Weizen investiert. Foodwatch nennt in seinem Report unmissverständliche Zahlen: 2010 stiegen die Nahrungsmittelpreise um ein Drittel, mehr als 40 Millionen Menschen wurden dadurch in Armut gestürzt. Mit Essen spielt man nicht? Das gilt leider nicht für Erwachsene. Nun ist der Markt aber kein entkoppeltes System, das böse Mächte installiert haben, um uns zu willenlosen Sklaven zu machen. Der Markt sind wir; wir haben ihn gestaltet, und wir haben zugelassen, dass der Kapitalismus auch hier sein hässliches Gesicht zeigt. Gewinnsucht, Arroganz und Gier sind die maßgeblichen Gestaltungselemente unserer Weltordnung. Die *Berliner Zeitung* benennt vier Global Player im Nahrungsmittelhandel: »ADM, Bunge und Cargill sind die heimlichen Herrscher des

Weltagrarmarkts, gemeinsam mit Dreyfus bilden sie den berüchtigten ›ABCD-Komplex‹, der nach Schätzungen zwei Drittel des globalen Handels mit Agrarrohstoffen kontrolliert.« (*Berliner Zeitung* vom 30. 6. 2008) Diese Konzerne haben keinerlei Interesse an einer Einschränkung des Konsums und einer Begrenzung der Produktion. Raubbau an der Natur und Wegwerfmentalität sind ihre Markenzeichen und sichern den Geschäftserfolg. Gemeinsam mit ihren direkten Kunden Nestlé, Kraft Foods, Unilever & Co. kontrollieren sie den Lebensmittelmarkt.

Mittlerweile sind bis zu 50 Millionen Hektar Ackerland in ausländischem Besitz. Land, das die einheimischen Völker problemlos ernähren könnte, würden sich nicht die korrupten Eliten dazwischenstellen. Ein beispielloser Ausverkauf – um unsere Versorgung mit Fleisch, Biosprit oder Schnittblumen sicherzustellen. Hunger ist die traurige Konsequenz einer maßlosen Gier und gnadenlosen Gleichgültigkeit.

Was sagt das über uns als Menschen, dass wir die Tatsache, dass alle fünf Sekunden, ich wiederhole: alle fünf Sekunden, ein Kind stirbt, so gelassen hinnehmen? Mich berührt das sehr, es wühlt mich auf und tut mir in der Seele weh.

Zählen Sie mal mit:

00:00:05

00:00:04

00:00:03

00:00:02

00:00:01

# 00:00:00

In dieser Geschwindigkeit wird gerade gestorben.

# DIE ERDE HAT FIEBER

Nächtelang haben die wichtigsten Politiker gerungen, die Welt vor dem Abgrund zu retten. Billionen US-Dollar wurden bereitgestellt, um die Katastrophe zu verhindern. Obama und Barroso lagen sich in den Armen, Merkel verkündete die Einigung, Sarkozy stand neben ihr, er konnte sich vor Müdigkeit kaum noch auf den Beinen halten. Soeben hatten die Weltmächtigen bewiesen, dass man Hand in Hand geht – bei der Rettung der Finanzwelt.

**Volkswirtschaften können sich erholen, das Klima nicht.**
Doch so weit scheint keiner der Politiker denken zu können. Oder zu wollen. Warum auch – die Folgen des Klimawandels werden erst nach der Legislaturperiode virulent. Politiker haben gelernt, dass jede auch noch so wichtige und richtige Zumutung von den Bürgern mit Abwahl gestraft wird. Der von mir nicht sonderlich geschätzte Gerhard Schröder kann davon ein Lied singen, obwohl er mit der Agenda 2010 den Grundstein für Angela Merkels Höhenflug und Deutschlands gute Ausgangsposition in Europa gelegt hat.

Kanada verkündet, ganz nebenbei, aus dem Kyoto-Abkommen auszusteigen, und das ist insofern besonders problematisch, weil es pro Kopf einer der größten $CO_2$-Emittenten der Welt, gleich nach den USA, ist und auch sonst in Umweltfragen nicht sonderlich zimperlich agiert. Und keiner schreit auf!
Dieselben Politiker, die der Wirtschaft mit Rettungsschirmen zur Seite eilen, schaffen es nicht, einen Rettungsschirm für unser Klima aufzuspannen. Was ist systemrelevanter? Die Banken oder die Erde, auf der sich diese Banken befinden?

Das Kyoto-Abkommen ist mittlerweile zum Symbol für den Zynismus in der Politik geworden. Es ist ein Verrat an uns allen.

Noch einmal zur Erinnerung: Der Vertrag von Kyoto regelte 1997 zum ersten Mal – und das ist der Punkt – völkerrechtlich verbindliche Vorgaben für die Eindämmung des weltweiten Kohlendioxid-Ausstoßes durch die Hauptverursacher, die Industrieländer. Doch aus den großen Ankündigungen wurde ein Minimalkonsens. Mittlerweile ist klar, dass das Kyoto-Abkommen nicht geeignet ist, um den globalen Ausstoß klimaschädlicher Gase noch in den Griff zu bekommen. Ganz im Gegenteil, der Ausstoß ist in vielen Ländern seither sogar größer geworden.

Deshalb hat die Industrie schon längst ihre Lobbyarbeit gegen das Klima verstärkt (RWE, Exxon Mobile und viele andere). So kommen dann Studien gerade recht, wonach der Klimawandel eher mit der Sonne in Zusammenhang stünde als mit uns selbst, wie der ehemalige Hamburger Umweltsenator und heutige RWE-Aufsichtsrat Fritz Vahrenholt in seinem Buch »Die kalte Sonne« schreibt. Lobbyfinanzierte Studien aus den USA sollen uns weismachen, dass der Zusammenhang von $CO_2$ und Klimaerwärmung gar nicht existiert.

Und ist Ihnen nicht selbst aufgefallen, dass die letzten Winter ganz schön kalt waren? Kann es sein, dass der Klimawandel doch nicht stattfindet? Und schon lügen wir uns wieder in die Tasche. Den Klimawandel können Sie nicht mit ein paar kalten Dezembertagen wegdiskutieren. Schon vergessen, dass die Winter davor extrem mild waren? Dass Oder und Elbe vor einigen Jahren beispiellose Fluten erlebten, dass der Osten immer trockener wird, während es im Westen deutlich mehr regnet? Erinnern Sie sich nicht mehr an die Bilder von der Monsterhitze in Russland 2010, die Tausende das Leben kostete? Die verheerenden Waldbrände in Südeuropa, die fassungslos machenden Überschwemmungen in England 2009? Die Rückversicherer stöhnen jedes Jahr mehr über die immensen Schäden, die durch Naturkatastrophen verursacht werden. Und sagen hinter vorgehaltener Hand, dass es einen Punkt in nicht allzu ferner Zukunft geben könnte, an dem bestimmte Risiken nicht mehr versicherbar sein werden, weil sie alles bisher Dagewesene übertreffen.

## Welche Beweise brauchen wir eigentlich noch?

Trotz alarmierender Berichte kommen wir nicht in die Gänge. Die globalen $CO_2$-Emissionen steigen weiter, obwohl wir uns seit 20 Jahren einig sind, dass wir sie reduzieren müssen. Die Szenarien des Weltklimarats (IPPC) von 2011 sind schon lange überholt. Es wird alles noch schlimmer. Jetzt, wo unsere Wirtschaft wieder wächst, wächst auch unser $CO_2$-Fußabdruck, obwohl Angela Merkel ausdrücklich $CO_2$ einsparen wollte. Ein konsequentes Handeln gibt es nicht – weder auf globaler noch auf europäischer, noch auf nationaler Ebene.

If the rate of change
on the outside exceeds
the rate of change on the inside,
the end is near!

JACK WELSH

# KAUFEN, KAUFEN, KAUFEN …

Wir frönen dem Konsumrausch und verwechseln das mit Lebensgefühl. Wir blenden die Zustände aus, unter denen unsere »Must have«-Produkte hergestellt werden. Wenn ein Kinderarbeitsskandal aufpoppt oder eine kritische Dokumentation im Fernsehen moderne Sklavenarbeit publik macht, sind wir entsetzt. Wir schimpfen auf die habgierigen Unternehmen, die nur Profitmaximierung im Sinn haben, und auf die Politiker, die ebendiese Habgier nicht in Fesseln legen.

Und morgen schon sind wir die Ersten, die bei KiK, H&M oder anderen ein T-Shirt für drei Euro erstehen und unendlich stolz auf dieses Schnäppchen sind. Hin und wieder beschleicht uns das Gefühl, dass so ein Preis eigentlich nicht mit rechten Dingen zugehen kann und auf Kosten der Arbeiter und der Umwelt zustande gekommen sein muss. Andererseits: Ist es nicht schön, dass diese armen Menschen in Lohn und Brot stehen? Da in China oder Bangladesch sind sie sicher froh darüber, und die deutschen Konzerne, die dort produzieren, müssen ja auch gewisse Standards erfüllen. Oder nicht?

Wir konsumieren und konsumieren und konsumieren. Durchaus informiert und interessiert und keinesfalls verlegen, wenn es darum geht, die Schuldigen zu benennen. Man würde ja gern, wenn nur *die* Konzerne endlich andere Produkte auf den Markt brächten, *der* Handel endlich ein besseres Sortiment im Angebot hätte, *die* Lebensmittelmafia weniger Zusatzstoffe und Zucker verarbeiten, *die* Energiekonzerne endlich mal und überhaupt die Mineralölkonzerne. Wie können wir uns nur wehren gegen all die Verlockungen und Vergünstigungen. Gegen all die schönen Bilder, die schönen Verpackungen, die übervollen Supermarktregale. Der Feind ist schnell ausgemacht – und er wohnt selbstverständlich nicht unter dem eigenen Dach. Der aufgeklärte Konsument fordert in Sonntagsreden das eine und tut, sobald er ein Geschäft betritt, das andere. Alles vom Feinsten, bitte mit Einkaufserlebnis! Gerne auch bio, aber bitte nicht so teuer, das ist ja sonst wie in der Apotheke!

Der Preis ist beim Einkauf ein entscheidendes Kriterium, vor allem, wenn es um Lebensmittel oder Kleidung geht. Beim Auto hört der Spaß allerdings auf, dafür nimmt man schon mal einen Kredit auf. Nach Qualität wird in erster Linie nicht gefragt. Besonders nicht bei Lebensmitteln.

Hier verfahren wir nach einem Prinzip, das den Begriff »Lebens-Mittel« ad absurdum führt. Wir kaufen Analogkäse, Formschinken und Billigfleisch, ohne uns große Gedanken darüber zu machen, und wir wundern uns nicht, dass ein Kilo Hackfleisch für drei Euro zu haben ist, sondern freuen uns, weil wir so clever einkaufen. Ein Schnäppchen für alle Beteiligten, selbst für die arme Sau, die musste ja nicht lange leiden. Unser grundsätzliches Verhalten wird davon nicht berührt, im Gegenteil.

Manchmal denke ich, wir haben immer noch nicht begriffen, wie das Prinzip von Angebot und Nachfrage funktioniert. Wir bestimmen mit unserem Kaufverhalten, was die Kasse der Unternehmer klingeln lässt und was nicht. Und wenn wir immer nach dem Preis schielen und die Schnäppchenmentalität zum Credo erheben, hat der Anbieter keinerlei Veranlassung, an seinem Angebot etwas zu ändern. Warum auch, wenn der Kunde es nicht anerkennt.

Seit fünf Jahren versuche ich, Verbrauchern alle Informationen an die Hand zu geben, um eine aufgeklärte Entscheidung treffen

zu können. Seit fünf Jahren bin ich darüber frustriert, wie igno-
rant wir nach wie vor durch die Läden stolpern. Wir treffen mit
jedem Euro eine Wahl und senden damit ein eindeutiges Signal
an die Industrie. Nur einmal so als Gedankenexperiment: Wenn
kein Mensch mehr Billigfleisch kaufen würde, was meinen Sie,
wie lange es dauern würde, bis diese Produkte aus den Regalen
verschwunden wären? Keine Sekunde!

Kein Unternehmen würde zögern, sich auf die neuen Bedürfnisse der Käufer einzustellen. Die Wirtschaft weiß ganz genau,
dass es eine Wechselwirkung zwischen Produzent und Konsument gibt. Viele Unternehmen stehen sogar in den Startlöchern
und würden gern mehr tun, brauchen dazu aber Kunden als zu-
verlässige Partner. Und das sind wir nicht. Wir wollen keinen
Aufpreis zahlen, auch wenn ein Produkt für Mensch und Umwelt deutlich besser wäre. Wir greifen reflexhaft zum günstigen
Kühlschrank, obwohl sich das teure Modell in ein paar Jahren
mehr bezahlt gemacht hätte. Es ist uns letztlich egal, ob der
schicke und ach so günstige Flachbildschirmfernseher uns Jahr
für Jahr 500 Euro Strom kostet, weil er mit seiner überdimen-
sionierten Größe zu viel und im Stand-by-Modus besonders unnötig Energie zieht.

Wenn Unternehmen mit bahnbrechenden nachhaltigen Innova-
tionen auf die Nase fliegen, weil wir uns nicht dafür interessie-
ren, dann überlegen sie zweimal, ob sie ein solches Risiko ein
weiteres Mal eingehen. Wir sind Konsumenten, die sich dessen
bewusst sind und trotzdem glücklich – völlig überteuerte – Nes-
presso-Aluminium-Kapseln kaufen, die gerade in Büros keine
gute Ökobilanz aufweisen. Genießen Sie ruhig die schönen
Werbespots mit George Clooney und John Malkovich, aber
schalten Sie danach Ihren Kopf ein.

Wir vergessen allzu gern, dass auch wir unseren Teil dazu bei-
tragen. Mit anderen Worten: **Wir bekommen genau die Kon-**

**sumgüter, die wir verdienen.** Wir sind es, die agieren, jeden Tag mit unserem Geldbeutel und unserem Einkaufskorb. Es ist allein unsere Entscheidung, womit wir ihn füllen.

Wenn 20 Prozent der Weltbevölkerung 80 Prozent der produzierten Güter verbrauchen, dann stehen sie besonders in der Verantwortung.

Wir, die denken, es sei utopisch, unsere Probleme in den Griff zu kriegen, und doch in der Freiheit leben, in der sie gelöst werden können: Würden wir bewusst und achtsam konsumieren und regionale Märkte fördern, könnten Unmengen an Energie und Ressourcen eingespart werden.

Das Land, das zum Leitmarkt für nachhaltige Mobilität und Energieversorgung wird, wird zur tonangebenden Volkswirtschaft der Welt werden.

BARACK OBAMA

# EIN AUTO IST
# KEIN STATUSSYMBOL

Man kann es drehen und wenden, wie man will: **Ein Porsche Cayenne ist asozial.**

Wenn es eine sichtbare Visitenkarte gibt, dann diese: unser Auto. Wer ein großes Auto fährt, steht dazu, dass es ihm egal ist, was es an Sprit verbraucht und was er damit verursacht. Große Autos machen mich krank. Es gibt keine Rechtfertigung, sie zu fahren. Die ganzen dicken Brummer – und die fangen bei mir spätestens bei Audi Q5 und BMW 5GT an – sind für mich signifikante Zeichen präpotenter Bedürftigkeit. Niemand, außer vielleicht Förstern und Waldarbeitern, braucht ein geländegängiges Allradfahrzeug im Alltag, und es sei dahingestellt, ob sich ein Porsche Cayenne mit Chromapplikationen und hellen Ledersitzen oder ein Range Rover HSE 4.6 für Fahrten durchs Unterholz wirklich eignet. Der Trend geht zu Stadtfahrten, und das allein ist schon ein Wahnsinn, bedenkt man die Parksituation. Doch das ficht die Fahrer nicht an.

Im Gegenteil. Die neuesten Studien von Kraftfahrtbundesamt und CAR belegen, dass kein Fahrzeugsegment so schnell wächst wie das der Geländelimousinen. 2015 wird die 18-Prozent-Marke geknackt, und es werden 575 000 dieser Faust-aufs-Auge-Statussymbole auf deutschen Straßen unterwegs sein.

Auch wenn Sie, lieber Leser und liebe Leserin, vermutlich nicht so ein Auto fahren, ist es erstaunlich, wie sie zunehmend das Stadt- und Straßenbild prägen.

Nicht zuletzt diese »Kampfwagen gegen das Weltklima« (Harald Welzer) haben dafür gesorgt, dass in der gesamten Menschheitsgeschichte noch nie so viel Energie verbraucht wurde wie jetzt. Schlechte Zeiten für das Weltklima, die relevanten Emissionen stiegen 2012 um 5,8 Prozent. Dazu beigetragen haben auch »Großraumlimousinen« wie der VW-Bus, das christlich-bürgerliche Gutmenschen-Auto, die Zierde jeder Vorstadtfamilie, der minimum 190 g/km $CO_2$ in die Luft bläst. Klar hätte ich auch gern und zu jeder Zeit genug Staufläche in meinem Wagen, um sonntags noch spontan die Schwimmsachen, einen Reservegrill, Fahrräder für alle und drei Schlauchboote mit an den See zu nehmen (aufgeblasen, versteht sich). Aber mal im Ernst: Wie oft ist der Wagen wirklich ausgelastet und voll? Oder ist es nicht eher so, dass all die schicken Karossen mit ein, maximal zwei Personen besetzt durch die Innenstädte pflügen, gut fürs Ego und die Außenwirkung, auch wenn unglaublich viel Sprit gefressen wird, bis die zweieinhalb Tonnen in die Gänge kommen. Wer sich gleich den Cayenne Turbo leistet, kann sich dank der 521 PS in fünf Sekunden von null auf hundert schießen. Dabei sollte man es dann aber auch bewenden lassen, sonst verbraucht das Spielzeug schnell mehr als den durchschnittlichen Mittelwert von 15,7 Litern. Super Plus versteht sich. Haben wir sie eigentlich noch alle?

Und kommen Sie mir jetzt bitte nicht mit der besseren Rundumsicht, den hohen Sicherheitsstandards, dem geringen Wertverlust, der hervorragenden Verarbeitung (handgenäht, das Leder am Lenkrad, deutsche Wertarbeit, toll, nicht wahr?) oder mit dem Argument, Sie seien beruflich viel unterwegs. Dank der besseren Rundumsicht könnten Sie allenfalls bequem dabei zusehen, wie wir mit unserer Ignoranz und Selbstverliebtheit die Welt sehenden Auges in den Abgrund reißen. Aber dafür müssten Sie erst einmal einen Blick haben. Diese Autos sind nichts weiter als ein Statussymbol, wesentlicher Teil unserer Selbstdefinition, die Visitenkarte, die für alle sichtbar schon vor unserer Haustür Ausweisfunktion übernimmt. Hier wohnt einer, der es geschafft hat. Oder einer, der es immer noch nicht begriffen hat. Das kommt ganz auf die Perspektive an.

Für mich sind diese Protzkarossen Sinnbild einer Gesellschaft, in der es viel zu sehr um Statussymbole und Außenwirkung geht. Genau diese positive Außenwirkung müssen wir Panzerfahrern verweigern.

**Ich warte auf den Tag, an dem »Downsizing« und »Downshifting« das ultimative Statussymbol werden.**

# BILDUNG FÜR DIE TONNE

Sind Sie gern zur Schule gegangen?

Nein?

Ich auch nicht.

Haben Sie so wie ich das Gefühl, dass die Schule Ihnen Wissen eingebleut hat, das Sie jetzt nicht brauchen können?

Wissen, das Ihre geistigen Kräfte nicht entfesselt, sondern gefesselt hat? Was für eine schlimme Zeitverschwendung in der so wichtigen Prägungsphase junger Menschen! **Die wichtigste Ressource unseres Landes, der Erfindergeist, die Herzen und der Charakter junger Menschen, werden nur rudimentär gefördert, die Gehirne vollgestopft mit unglaublichem Schwachsinn.** In den letzten 40 Jahren, seitdem ich stolz mit meiner Schultüte in die Schule gegangen bin und dann sehr schnell den Ernst des Lebens kennengelernt habe, haben sich das Wissen und die Situation dieser Welt vollkommen verändert. Hatten wir damals eine Hektographiermaschine (Wer erinnert sich noch an den stechenden Geruch des Spiritus auf der Matrizenrolle?), haben wir heute Medien in allen Lebenslagen und Wissen, das sich etwa alle fünf bis zehn Jahre verdoppelt. Unser Bildungssystem aber ist aus dem vorletzten Jahrhundert, unsere Lehrpläne aus dem letzten Jahrhundert.

Unser Bildungssystem propagiert Leistung nach dem Gleichförmigkeitsprinzip und lässt Chancengleichheit für alle außen vor. Es gibt deshalb nicht allzu viele konsensfähige Forderungen, auf die wir Deutsche uns klassen- und schichtenübergreifend einigen könnten. Aber diese eine gehört ganz sicher dazu, sie ist ein regelrechter Dauerbrenner, und das seit Jahrzehnten. Sie lautet: »Wir müssen dringend mehr in Bildung investieren!« Sagen Sie das, egal wo und egal zu wem, und Sie werden eifriges Kopfnicken ernten und auf breite Zustimmung stoßen. Niemand wird diese Notwendigkeit infrage stellen, niemand wird in diesem Zusammenhang von »man müsste mal« sprechen.

Der Schritt von der Industrie- zur postindustriellen Gesellschaft ist längst vollzogen, der zur Wissensgesellschaft zumindest theoretisch. Die Ausgangsposition ist klar: Wir haben kaum Bodenschätze, unser Potenzial steckt in den Köpfen, die kommende Generation ist die einzige nachwachsende Ressource, die wir haben.

Und, auch das ist Konsens:

**Wissen ist der wichtigste Rohstoff des 21. Jahrhunderts.**

Schön, wenn wir alle einer Meinung sind. Ich sage an dieser Stelle ganz bewusst »wir«, denn es ist zu einfach, die Bewältigung dieser vielleicht wichtigsten Aufgabe an andere zu delegieren. An die Politik, die Kultusminister, die Schulen, die Lehrer. Warum setzt sich trotzdem niemand, wirklich niemand, für eine Änderung des Status quo ein? Und es schließt sich die Frage an, welchen gesellschaftlichen Rang wir unseren Lehrern geben? Ex-Kanzler Schröder machte einst Wahlkampf, indem er Lehrer als »faule Säcke« beleidigte. Ich sehe im Schulwesen eher verzweifelte Lehrer mit guten Absichten und ein System, das ebendiese guten Absichten zerquetscht.

Wer es sich leisten kann, zieht in der Bildungsdebatte seine eigenen Konsequenzen. Nicht etwa, dass man gemeinsam auf die Straße ginge, um für Verbesserungen zu kämpfen. Nein, man nimmt seine Kinder einfach aus dem öffentlichen Schulsystem heraus und generiert damit nur noch größere Probleme. Ich habe Kinder in beiden Schulsystemen und kenne die Unsicherheiten, welches wohl für die Kinder das Bessere sei.

Privatschulen erzeugen eine neue Apartheid und Wagenburgmentalität: die Starken gegen die Schwachen.

Wenn die Stärksten im Land, diejenigen, die sich Gehör verschaffen könnten, ihre Energie nicht in die Verbesserung des öffentlichen Schulsystems stecken, sondern sich in elitäre Zirkel flüchten, sind die Schwachen verloren. Die staatlichen Schulen werden so zum Auffangbecken für diejenigen, die von vornherein keine Chance haben: für Kinder aus bildungsfernen und einkommensschwachen Schichten. Und auch die scheinbar privilegierten Kinder verlieren eine Menge: den Kontakt zu anderen Lebensstilen, im Zweifel zu anderen Kulturen und der Wirklichkeit, die nicht immer rosarot und sorglos ist. Die Debatte ist ideologisch aufgeladen, man kratzt an strukturellen Themen wie zweigliedrig versus dreigliedrig, führt überstürzt und wenig durchdacht das achtjährige Gymnasium ein, weil unsere Schüler im internationalen Vergleich zu alt seien, vergisst aber, die Lehrpläne entsprechend zu entrümpeln, und erwägt nach nur zwei Jahrgängen in manchen Bundesländern eine Rolle rückwärts. Eltern beschweren sich darüber, dass ihre Kinder kurz vor dem Kollaps stünden, Pädagogen klagen über selbiges, Politiker berufen sich auf die Kulturhoheit der Länder, bangen um ihre Zuschüsse und denken in ganz, ganz kleinen Karos.

**Wir brauchen hier und jetzt eine neue Art des Lernens: Unsere Kinder müssen geschult werden, wie man im Chaos der immer komplexer und näher zusammenrückenden Welt navigiert.**

Wir brauchen Lehrpläne, die den Herausforderungen der Zeit begegnen. Themen wie Nachhaltigkeit, Leadership, Zivilcourage, Medienkompetenz gehören auf die Stundenpläne der Erwachsenen von morgen. Stattdessen gilt: Transferdenken unerwünscht, von Charakterbildung oder einem System des positiven Feedbacks ganz zu schweigen. Der Elfenbeinturm steht, unerschütterlich. Wir reden uns immer wieder gern damit heraus, dass unser Bildungssystem und all die Reformpädagogen von anno dazumal Großes bewirkt hätten. Für die Vergangenheit mag das stimmen, Zukunft ist aber immer Neuland, und es scheint, als hätten wir die Hosen voll, trauten uns nicht, dieses Neuland mutig und entschlossen zu betreten. Es wird Chaos verwaltet, es gibt kein nationales Konzept. Und wir, die breite Masse, halten den Mund. Wir nehmen klaglos hin, dass unsere Kinder in einem deprimierenden Schulsystem verwahrt werden, in dem die soziale Herkunft über den Erfolg mitbestimmt; wir akzeptieren Lehrpläne, die den kommenden Herausforderungen kaum Rechnung tragen und Kinder und Eltern über die Maßen stressen.

Und wenn dann nichts mehr geht, bekommen sie Antidepressiva oder andere pharmazeutische »Schätze«, damit sie weiter funktionieren und ins System passen. **Schließlich ist es einfacher, die Kinder für krank zu erklären, als ein krankes System zu kurieren.**

Und was ist mit Werten? Soll Schule wirklich Charakter bilden? Wenn ja, dann muss sich einiges ändern. Denn im Moment produziert Schule eher Angst als Selbstvertrauen. Unsere Kinder lernen, wie man sich durchmogelt, wie man mit geringem Aufwand gute Noten schreibt und wie man sein Kurzzeitgedächtnis so aktiviert, dass man die Schulaufgabe übersteht – und dann das Gelernte wieder vergisst. Sie lernen Verzagtheit und Leistungsdruck und erleben ein System, das mehr negatives als positives Feedback gibt. Am meisten aber lernen sie Anpassung. Und das ist das Letzte, was ein Land wie unseres oder gar die Welt braucht.

**Bildung muss für uns alle oberste Priorität haben – und zwar sofort.**

Dass unsere Gesellschaft ihren Kindern die Aufstiegschancen verwehrt, wird zwangsläufig in die Katastrophe führen, denn eine Demokratie ist auf jeden einzelnen gebildeten Bürger angewiesen. Doch das scheint niemandem wirklich klar zu sein. Weiterhin wird nur reflexartig reagiert – nicht aus tiefster Überzeugung, weil man die Notwendigkeit einer Reform erkannt hätte, sondern nur dann, wenn PISA- und OECD-Studien Deutschland mal wieder eine Ohrfeige verpasst haben – anstatt vorausschauend gehandelt. Angeprangert werden Defizite in der Lehre, das wenig durchlässige Schulsystem, der rapide sinkende Anteil deutscher Fachkräfte am weltweiten Talentpool und immer wieder die zögerlichen Investitionen im Bildungssektor. Gut 150 000 Jugendliche werden ohne abgeschlossene Ausbildung ins »Berufsleben« entlassen. Pro Jahr. Was das für die Schulabgänger persönlich – und damit für die Stimmungslage innerhalb der Gesellschaft – bedeutet, lässt sich in Zahlen nicht ermessen. Die Richtung jedoch ist klar: Sie führt für die Betroffenen nach unten. Wer keinen Abschluss hat, wird kaum auf dem Arbeitsmarkt Fuß fassen. Das war schon früher schwierig, heute, in Zeiten der Globalisierung, der zunehmenden Komplexität von Arbeitsabläufen und fachlichen Anforderungen, ist es schier unmöglich. Wir stehen vor den enormen Herausforderungen, die eine moderne Wissensgesellschaft mit sich bringt, und brauchen neue Antworten auf neue Fragen.

Wer in einer endlichen Welt
an unendliches, exponentielles Wachstum
glaubt, ist entweder
ein Irrer oder ein Ökonom.

KENNETH BOULDING

# DIE BANKEN –
# EIN UNGELÖSTES PROBLEM

Mit Ausnahme der Energiebranche kenne ich keinen anderen Berufsstand, der sein Image in kürzester Zeit derart ruiniert hat wie das Bankenwesen. Und nebenbei noch einen ganzen Planeten in Angst und Schrecken versetzt hat: Mehr als 50 Millionen Menschen wurden arbeitslos, Menschen, die nicht direkte Verursacher der Katastrophe waren. Millionen Menschen verloren nicht nur ihre Arbeit, sie verloren ihre Existenz, ihr Haus, ihren Lebensmut. Im Krieg nennt man das Kollateralschaden. Mehr als 90 Prozent des Welt-BIP wurden einfach so vernichtet. Die Welt wurde Zeuge eines absurden Finanzthrillers, in dem es die Weltwirtschaft zu retten galt – und alle schauten gelähmt zu. Was das genau hieß und welches Ausmaß das annehmen würde, wurde erst später klar. Bis heute brechen ganze Staaten unter der Last der Krise zusammen. Der Film »Wall Street« war offensichtlich zu harmlos, er musste nachgedreht werden. Doch gibt es Verantwortung oder gar Reue seitens der Banken? Einsicht? Einen Wechsel? Nicht im Geringsten. Die Banken sind nach wie vor das ungelöste Problem schlechthin.

Die Finanzkrise 2008 war auch das Ergebnis erheblicher krimineller Energie. Wir konnten Bankchefs wie Lloyd Blankfein von Goldman Sachs, seine Kollegen und die Chefs von JP Morgan und Morgan Stanley sehen, die vor dem Kongressausschuss logen, dass sich die Balken bogen. Wir konnten sehen, wie betroffen sich Banken nach dem Crash gaben, ganz so, als hätten sie nicht die Verantwortung an all dem, was passiert war. So, als wären sie nicht die Urheber der Katastrophe. Wir sahen Banken, die die Weltwirtschaft zerschmetterten, dann merkten, dass sie selbst Opfer der Krise wurden, und ohne Schuldbewusstsein »nach Hause« kamen und von unseren Regierungen Rettungsschirme verlangten. Wir dagegen, ihre Kunden, mussten selbstverständlich die Verantwortung für falsche Entscheidungen und platzende Immobilienkredite tragen.

Wir erlebten, was passiert, wenn der Staat nicht mehr gestaltet, sondern nur noch reagiert, wenn er sich zum Erfüllungsgehilfen der Banken macht und seiner Aufgabe als Korrektiv des Finanzsektors zum Schutz des Gemeinwohls nicht mehr gerecht wird. Schlimmer noch: Politik und Finanzmarkt sind eng verzahnt. Auch auf personeller Ebene. Es kommt nicht selten vor, dass ehemalige Bankmanager heute wichtige Politikberater sind und umgekehrt. Besonders verbreitet ist dieser Drehtüreffekt in den USA.

Der Patient war krank, wir haben ihn schnell wieder aufgerichtet, aber das Virus ist immer noch aktiv. Und nun ist es schon wieder ausgebrochen. Leerverkäufe, zwei Milliarden bei JP Morgan Chase verschwinden, und Manager lassen sich bereits zwei Jahre nach der Krise wieder gigantische Boni auszahlen. **Ich wage die Prophezeiung, dass wir zwangsläufig in die nächste Finanzkrise schlittern werden.**

Um das Problem zu verstehen, muss man einen kurzen Blick zurückwerfen: Die Hauptursache für die Finanzkrise war und ist die laxe Regulierung des Finanzsektors in den USA und in Europa, die bis heute nicht wirklich beseitigt wurde. Denn das System lebt nach eigenen Gesetzen: So bewilligten die Banken in den USA auch Kunden mit geringer Bonität großzügige Kredite für Immobilienkäufe. Solange die Zinsen niedrig waren und die Immobilienpreise stiegen, schien das Risiko für alle gering. Ein Spiel, das zunächst nur Gewinner kannte. Doch wie wir wissen, sollte es dabei nicht bleiben.

Um das notwendige Kapital für neue Kredite zu beschaffen, bündelten und verbrieften die Investmentbanken die Hypotheken und wandelten sie damit in handelbare Wertpapiere um. Schulden wurden zur handelbaren Ware! Sie verkauften sie weiter an eigens von ihnen gegründete, außerbilanzielle Zweckgesellschaften, die nicht der Bankenkontrolle unterliegen. Was sich anhört wie eine Erfindung der Mafia, ist unser aller System, in dem wir leben. Und das wir schleunigst ändern sollten.

Die Banken ließen die verbrieften Hypothekenkredite von sogenannten Ratingagenturen »prüfen«. Die spielten mit und vergaben durchweg gute bis Bestnoten. Kein Wunder, denn wer zahlt, schafft an. Investoren, Hedgefonds, institutionelle Anleger und andere Banken – insbesondere in Europa – rissen sich um diese »innovativen« Finanzprodukte, die Traumrenditen versprachen. So entwickelte sich eine gigantische Spekulationsblase. Die irgendwann mit einem ordentlichen Rawummms platzte. Die Schuldner konnten ihre Kredite nicht mehr abzahlen, die Immobilienpreise stürzten ab, Banken und Investoren saßen auf ungedeckten Kreditforderungen, eine fatale Kettenreaktion setzte ein. Die Welt hat sich davon bis heute nicht erholt.

Warum ich die alte Leier herunterbete? Weil sie brandaktuell ist.

Der Skandal liegt nicht nur vor 2008 begraben – den eigentlichen Skandal erleben wir heute. Unter dem Schock der Finanzkrise trafen sich kurz nach der Krise die Staats- und Regierungschefs der G20-Staaten, um die Grundlagen einer Reform der internationalen Finanzmärkte zu schaffen. Es sollte sichergestellt werden, dass sich eine solche folgenschwere Finanzkrise nie wiederholen würde. Ein umfangreicher Katalog von Einzelmaßnahmen wurde verabschiedet: stärkere Überwachung der Ratingagenturen, stärkere Reglementierung von spekulativen Hedgefonds und anderer unregulierter Finanzprodukte, Erhöhung des Eigenkapitalpuffers von Finanzinstitutionen, Orientierung der Anreizsysteme für Manager an mittelfristigen Zielen, besserer Schutz der Verbraucher durch transparentere Informationen. Und so weiter. **Der Skandal ist, dass diese Maßnahmen bis heute nicht konsequent umgesetzt wurden und die fatalen Mechanismen der ersten Finanzkrise weiterhin wirksam sind.**

Und so geht das Gezocke fröhlich weiter, und es scheint, als hätten wir nichts gelernt. Wollen wir wirklich warten, bis die nächste Blase platzt?

PS: Sehen Sie sich bitte »Inside Job« an, dieser ultimative Film über die Finanzkrise ist fesselnd, schockierend, extrem gut gemacht und lässt einen fassungslos zurück. Und es ist ein Film, der aus »man müsste mal« ein entschlossenes »SOS« macht.

Zerreißt den Mantel der Gleichgültigkeit,
den ihr um euer Herz gelegt habt.
Wenn jeder wartet,
bis der andere anfängt,
wird keiner anfangen!

# WER SOLL DAS BEZAHLEN?

Bei einem aktuellen Schuldenberg von rund zwei Billionen Euro (das sind 2000 Milliarden, eine komplett abstrakte Summe!) gibt Deutschland im Jahr etwa doppelt so viel Geld – durchschnittlich 60 Milliarden Euro – für die Zinsen aus als für die gesamten Hartz-IV-Leistungen. Außer den Gläubigern hat davon niemand etwas, der Schuldenberg selbst wächst weiter. Und falls Sie denken, dass das ja nicht Ihre Schulden seien – Irrtum! Die Staatsverschuldung ist nichts anderes als die Verschuldung von uns Steuerzahlern. Es steckt in dem Wort schon drin: **Wir haben Schuld.** Und zwar im doppelten Sinn.

Schulden entstehen dort, wo etwas geliehen wird. Wir leihen uns, wenn die eigenen Mittel nicht ausreichen, und zahlen zurück, wenn wir wieder Mittel haben. Angebot trifft Nachfrage, und über die Jahrtausende hat sich um dieses Nehmen und Zurückgeben ein vitaler Wirtschaftszweig gebildet, das Kreditwesen. Derjenige, der verleiht, verdient an den Zinsen, die der Schuldner zahlen muss. Damit entschädigt dieser den institutionellen Verleiher für die Geldentwertung und sichert ihm darüber hinaus die Existenzgrundlage.

In unserem neuzeitlichen Wirtschaftssystem ist Schuldenmachen im besten Fall der Steigbügel, kurzfristig über höhere finanzielle Möglichkeiten zu verfügen, um langfristig einen Mehrwert zu schaffen. Hilfe zur Selbsthilfe, sozusagen. Der Familientraum vom Eigenheim, den die Bank ermöglicht. Der Unternehmer, der sein profitables Volumen nur über Kreditaufnahme erzielt. Der arme Student, der sein Studium dank BAföG wuppt. Die positiven Meldungen der Mikrokredit-Organisationen, die mit Kleinstkrediten Menschen in den Entwicklungsländern aus der Armut holen. **Doch das System wird durch die Staaten pervertiert,** die fortlaufend neue Schulden machen, ohne jemals alte Schulden zurückgezahlt zu haben. Wobei die Nicht-Rückzahlung offensichtlich von Anfang an eingeplant ist.

**Und diese Schulden machen uns zu Getriebenen.**

Dann, wenn wir nicht schnell genug dafür sorgen, die Schulden abzutragen. Wenn wir gezwungen werden, uns neu zu verschulden, nur um die Zinsen auf alte Schulden zahlen zu können, ohne etwas am absoluten Schuldenstand zu ändern.

An diesem Punkt sind wir gerade.

Schulden, sagt der Autor und Occupy-Aktivist David Graeber, sind vor allem ein Herrschaftsinstrument derjenigen, die das Geld verleihen. In der Finanzkrise wird uns das vor Augen geführt. Wir sehen ökonomisch intakte Staaten, die unter der Zinslast zusammenbrechen, Regierungen, die nicht mehr im Sinne des Volkswohls agieren, sondern nur noch im Sinne der Gläubigerbanken.

Graeber erkärt in seinem Buch »Die Geschichte der Schulden«, dass seit dem Altertum überforderte Schuldner regelmäßig durch einen Schuldenschnitt am Leben erhalten werden, weil anderenfalls das ganze System zusammenbrechen würde. An diesem Punkt befinden wir uns gerade. Problem: Wir lernen einfach nicht daraus. Argentinien, Russland, Island: Nach der Staatspleite ging es wieder von vorn los.

Mir geht es hier gar nicht um eine Generalamnesie für überschuldete Staaten. Ich sage stattdessen erst einmal meiner Regierung: **Hört endlich auf, jedes Jahr neue Schulden zu machen!** Hört auf, mit geliehenem Geld Wahlversprechen einzulösen, unliebsame Reformen aufzuschieben und strukturelle Probleme zu überpflastern, statt sie anzugehen. Das Volk bekommt Opium, die nachfolgenden Generationen tragen den Schaden. Wir treiben sie in die Abhängigkeit der Gläubiger.

Wir belügen uns selbst, wenn wir Frau Merkel glauben, die Bundesrepublik spare seit Jahren erfolgreich. Es ist ganz anders: Jedes Jahr seit Gründung der Bundesrepublik haben wir uns neues Geld geliehen, statt alte Schulden abzuzahlen.
Da klingt es wie der blanke Hohn, wenn Frau Merkel in den »Tagesthemen« zu ihrem Volk spricht und sagt, dass es doch klar sei, dass kein Land auf Dauer über seine Verhältnisse leben könne. **Wir leben ständig über unsere Verhältnisse, Frau Merkel!**
Und nur wenige Wochen später verkündet ihr Finanzminister, dass er leider neue Schulden machen und sein Ziel eines ausgeglichenen Haushaltes wieder einmal verschieben muss.
Sachzwänge …

Wer wird das bezahlen? Vermutlich schon wir selbst, wenn irgendwann das Rentensystem kollabiert oder wir in Altersarmut stürzen oder krank werden. Dereinst.
Ganz sicher aber unsere Kinder.
**Es kann nicht sein, dass wir unser Leben auf ihre Kosten führen. Das ist unredlich.**

Ich fordere absoluten Schuldenstopp.
Auch wenn ich leidenschaftlich für Investitionen in alle kommenden Generationen plädiere und Investitionen in Bildung, in den Kampf gegen den Klimawandel und für soziale Gerechtigkeit für absolut notwendig halte: Sie dürfen keine Ausrede sein für weitere Schuldenberge. **Mit Schulden muss Schluss sein. Jetzt!**

Das Alter ist kein besserer,
ja kaum so ein guter Lehrmeister
wie die Jugend, denn es hat nicht
so viel gewonnen, wie es verlor.

HENRY DAVID THOREAU

# DIE HABGIER DER ALTEN

Der irische Schriftsteller George Bernard Shaw sagte einmal: »Alte Männer sind gefährlich. Ihnen ist die Zukunft egal.« **Heute zahlen unsere Kinder dafür, dass die Alten in großer Geschlossenheit entschieden haben, sie auszubeuten.** Die Alten sind die demographische Macht in unserem Land. Und sie stellen sich gegen ihre Nachkommen, ob bewusst oder unbewusst. Kaum ein anderer Bereich zeigt die Chancenlosigkeit der Jungen so deutlich wie unser Rentensystem. Deutschland altert unaufhaltsam. Im Jahr 2040 wird jeder Dritte älter als 60 Jahre sein. Wir lesen Schlagzeilen über die »vergreiste Republik« oder die »Diktatur der Langlebigen«, ziehen aber keine Konsequenzen daraus. Die demografische Verschiebung schreit danach, dass wir Instrumente unserer Gesellschaft nachjustieren. Wir kennen die Fakten, verfolgen aus dem Augenwinkel die Debatten der Experten über das Vor und Zurück bei der Anhebung des Rentenalters, den drohenden Pflegenotstand, die leeren Kassen und das Hickhack um private Vorsorge.

Nach dem Krieg gab es viele Junge und weniger Alte. Und die Alten hatten eine geringere Lebenserwartung, die Rentenempfangszeit war also kürzer als heute. Unsere Großeltern und Eltern waren und sind die größten Profiteure des Rentensystems. Mit den geburtenstarken Jahrgängen der späten 1960er und frühen 1970er im Rücken konnte man sich noch ohne weiteres auf die Gültigkeit des inzwischen legendären Satzes von Norbert Blüm verlassen: »Die Renten sind sicher.« Was aber für unsere Eltern und Großeltern gelten mochte, gilt schon für uns nur noch begrenzt. Heute ist klar, dass der Generationenvertrag auf der Basis des Umlageverfahrens nicht mehr funktionieren kann: weniger Kinder, also Beitragszahler, mehr Rentner und längere Bezugszeiten. Im Jahr 2030 werden zwei Erwerbstätige einen Rentner finanzieren müssen (1955 war das Verhältnis 6:1). **Wer kann das noch als Solidarprinzip bezeichnen?** Die Aufgabe, daran etwas zu ändern, fällt uns zu. Die Alten von heute haben daran kein Interesse, sie haben nichts mehr zu gewinnen, nur zu verlieren, weil sich das Ergebnis jedes Systemwechsels oder Umdenkens für sie nicht auszahlt.

Tatsächlich haben wir in den letzten Jahrzehnten einen zusätzlichen dritten Lebensabschnitt geschenkt bekommen. Aus einem Stück mit zwei Akten wurde ein Dreiakter, wie Jane Fonda so schön sagt.
Dieser Zugabe haben wir bis heute keine Rechnung getragen, sondern leben in völlig naiver Romantik weiter wie bisher. **Der dritte Akt aber, der uns geschenkt wird, muss Konsequenzen haben. Wir müssen dafür bezahlen.** Sonst wird das nichts.

Was tun wir also? Wir wissen, dass dieses System bald nicht mehr funktionieren wird – und halten still. Keine mutigen Debatten, stattdessen zaghaftes Lamento und Vertagen, Verschieben, Wegschauen, vielleicht kommt ja ein Wunder von irgendwoher. Die Mehrbelastungen gehen einzig und allein auf Kosten der nachfolgenden Generation. Ein Begriff wie Generationenvertrag suggeriert, dass eine gemeinsame Übereinkunft zwischen Parteien getroffen wurde, wie in einem konkreten Fall zu verfahren ist. Dumm nur, dass die eine Vertragspartei zum Zeitpunkt der Beschlussfassung noch gar nicht auf der Welt war, zumindest aber nicht in der Lage, aktiv die eigenen Interessen zu vertreten. Die heutigen Alten sind eine mächtige Lobby. Keine politische Kraft kommt an ihnen vorbei, schließlich gehen sie statistisch gesehen regelmäßig zur Wahl.

Auch unsere Generation agiert äußerst halbherzig. Vielleicht, weil wir die mächtigste Rentnergeneration sein werden, die es in Deutschland je gegeben hat. **Wir werden die neuen Alten sein, die wiederum die Jüngeren über die Maßen ausplündern.** Worte wie Generationengerechtigkeit, Generationenvertrag oder Solidaritätsprinzip klingen in diesem Zusammenhang wie eine schallende Ohrfeige.

Die wir unseren Kindern und Enkeln verpassen.

Diejenigen, die keine Macht über
die Geschichte besitzen, die ihr Leben dominiert,
die nicht die Kraft haben, sie neu zu erzählen,
zu überdenken, zu demontieren und so
zu verändern, wie sich auch die Zeiten ändern,
sind in der Tat machtlos, weil sie nicht in der
Lage sind, neue Gedanken zu denken.

SALMAN RUSHDIE

Teil 3

# DIE GENERATION
# »MAN MÜSSTE MAL«

## *Wir* sind die Generation »Man müsste mal«!

Wir sind die Angepassten. Die Lieblichen. Die Netten. Die Angsthasen. Wir träumen nicht einmal mehr von einer besseren Zukunft wie Generationen vor uns, wir fügen uns ganz pragmatisch dem Lauf der Dinge. Denn dann kann uns ja nichts passieren. Denken wir. Und starren gebannt auf den Bildschirm, wenn die Nachrichten uns eines Besseren belehren wollen.

Wir sind die Unentschlossenen. Eigentlich wollen wir ja etwas tun, aber …
Das Aber hält uns von allem ab.

Wir demonstrieren gegen Atomkraft und schaffen es nicht, zu einem Ökostromanbieter zu wechseln. So viel Widerspruch muss erst einmal einer hinkriegen. Und das passiert uns: den Engagierten! Den Aufgeklärten! Von wegen aufgeklärt: Wir sind einerseits stur und schwer zu überzeugen, wenn es darum geht, wichtige Dinge zu ändern (haben wir ja immer so gemacht), andererseits aber sofort auf den Knien, wenn die Verpackung stimmt. Lemongrass-Yoga-Tee aus dem Himalaja? Her damit!
Wir sind die Ersten, die immer alles besser wissen, die Letzten, die wirklich etwas tun. Denn unser Gewissen kann uns so wunderbar beruhigen, dass wir vor lauter Well-being schon mal das Handeln vergessen.

# DIE GENERATION
## »MAN MÜSSTE MAL«-ELTERN

**Die Generation »Man müsste mal«-Eltern opfert ihre Kinder auf dem Altar des eigenen Egoismus.** Sie ist die erste Generation, die nichts dafür tut, dass es ihre Kinder einmal besser haben als sie selbst. Das ist ein historischer Paradigmenwechsel. Aber, sagt sie jetzt, wir tun doch alles für unsere Kinder. Und, ja, sie tut alles, damit ihre Kinder für den globalen Wettbewerb fit sind. Damit sie später bei der entscheidenden Auswahl ins sogenannte echte Leben nicht aussortiert werden, stattdessen Karriere machen und noch mehr konsumieren – bis der Arzt kommt. Sie tut nichts, um ihnen die Zukunft zu sichern und sie auf ihre Zukunft vorzubereiten. Ist es das schlechte Gewissen, die Ahnung, dass sie ihren Kindern die Zukunft versaut, das sie antreibt?

Die Generation »Man müsste mal«-Eltern besteht aus Profieltern. Sie hat alles im Griff und ist perfekt vorbereitet – auf die Schwangerschaft und die Geburt sowieso, aber auch in den Jahren danach überlässt sie nichts dem Zufall. Frühförderung ist das Zauberwort. Der Markt ist da. Vorlesen war gestern, heute bekommen Babys ein »Sprachbad« mit englischen Einschlaf-CDs, die Kleinen lernen Chinesisch, und wer ein paar Tausend Euro übrig hat, kann die Elite von morgen für zwei Jahre in ein Trainee-Programm stecken, in dem die Drei- bis Sechsjährigen in Rhetorik und Ökonomie geschult werden. Die Anbieter ködern sie mit der Frage: »Ist Ihr Kind darauf vorbereitet, in unserer sich ständig verändernden Welt Erfolg zu haben?« Wer kann darauf schon mit einem klaren »Ja« antworten?

Panisch, dem Kind einen optimalen Start ins Leben zu verbau-
en, indem sie ihm nichts anderes bietet als Malbücher, ein Klet-
tergerüst oder einen Sandkasten, rennt sie los. Jeder soll sehen,
wie engagiert sie für ihr Kind und seine Erfolge eintritt. Jeder
soll sehen, dass sie als Eltern alles richtig gemacht hat.

Sie optimiert ihre Kinder wie ein technisches Gerät, Fehlfunktio-
nen ausgeschlossen, und wundert sich, wenn die letzte Jugend-
studie 2012 zu dem Schluss kommt, dem Nachwuchs mangele
es an Empathie und der Fähigkeit, über den materialistisch-
hedonistischen Tellerrand hinauszuschauen.

Alles ist Fortschritt, so ist nun mal der Lauf der Zeit. Darum
dürfen die Kleinen stundenlang an den Computer. Kann ja nicht
schaden, wenn sie früh Medienkompetenz erwerben …

Mich beschleicht allerdings manchmal das Gefühl, dass die
Generation »Man müsste mal«-Eltern damit nichts weiter als
eine **moderne Form des Ablasshandels** betreibt. Sie erstickt
ihre Kinder mit materiellen Dingen, schüttet sie zu mit einem
Startvorteil nach dem nächsten, weil sie ihnen sonst kaum etwas
geben kann. Mit der Überbehütung, die an »Optimierer von
außen« delegiert wird, kaschiert sie die Tatsache, dass sie ihre
Kinder in eine Welt entlässt, an der sie sich schuldig gemacht
hat, in eine schlechtere Welt, als sie sie einst selbst vorgefunden
hat. Sollten ihre Kinder sie jemals damit konfrontieren, können
»Man müsste mal«-Eltern lückenlos dokumentieren, dass sie in
ihrem Perfektionierungswahn doch alles für sie getan haben.
Dabei haben sie ihnen in erster Linie Probleme vor die Füße
gekippt und blenden völlig aus, wie schwer die Last ist, die ihre
Kinder später (er-)tragen müssen.

# DIE GENERATION »MAN MÜSSTE MAL«- GROSSELTERN

Die »Man müsste mal«-Großeltern sollten sich fragen, was sie nach einem langen Leben zurücklassen. Was sie als Erfolg empfinden, nach all den Jahren der Arbeit, des Verzichts und des Kampfes. Die Generation »Man müsste mal«-Großeltern steht dem Erreichten selbst ohnmächtig gegenüber: eine angepasste, ängstliche Gesellschaft, die den heutigen Herausforderungen wie ein Kaninchen der Schlange begegnet.

**Soll das ihr Erbe sein?** Ist es das, wofür sie gelebt hat? Wo sind die 68er heute? Die ehemaligen Kämpfer, von den anderen »Träumer« und »Gammler« genannt, was haben sie erreicht? Dass die Karrieristen im Amt bleiben? Dass das Geld die Welt regiert? Wo sind ihr Engagement, ihr Gestaltungswille, ihre Ideale geblieben? Verlorengegangen auf dem Weg zur Macht? Heute sind sie angepasst an ein behagliches System, dem sie einmal kritisch gegenübergestanden haben. Heute wird Deutschland von einer Politik regiert, die mit den Idealen der »Man müsste mal«-Großeltern nicht mehr viel zu tun hat.

**Sie haben das mitzuverantworten.** Wie den Klimawandel. Und den Hunger. Und die Finanzkrise. Und Hartz IV. Damals hätten sie protestiert. Und heute? Heute melken sie das System. Mit bestem Wissen und Gewissen. Denn sie haben es sich ja auch verdient. Sie sagen: Wir haben den heutigen Wohlstand ermöglicht, wir haben ein ganzes Leben lang gearbeitet, jetzt dürfen wir uns auch mal ausruhen. Bei allem Respekt: So schwer hatten sie es nicht. Den Aufbau haben vor allem ihre Eltern geleistet. Und ein Leben lang arbeiten müssen wir alle, die heutigen Berufstätigen noch mehr als sie, wenn sie denn überhaupt Arbeit haben.

Die Generation »Man müsste mal«-Großeltern ist, wie schon oben erwähnt, der Profiteur eines Systems, das sie mitgestaltet hat. Rente zu kassieren ist jedoch kein Argument, um aus der Gesellschaft auszuscheren. Die Gemeinschaft, das sind immer noch wir alle zusammen. Doch davon wollen die »Man müsste mal«-Großeltern nichts hören. Sie passen ja schon auf die Enkel auf. Mehr Engagement? Für diese Generation eine Zumutung.

Sie hat die Macht – vor allem auch die demografische Macht in unserem Land: Weil sie es ist, die die Wahlen entscheidet, kann es sich keine Partei erlauben, ihre Anliegen im Wahlprogramm nicht ganz nach oben zu setzen. Soll ja ein schöner Lebensabend werden. Die Enkelgeneration aber braucht jetzt die Großeltern: **Menschen, die noch wissen, wie man für Ideale auch gegen Widerstände kämpft.** Und dieses Wissen kann die Generation »Man müsste mal«-Großeltern weitergeben. Genauso wie den Glauben, dass eine bessere Welt machbar und unendlich lohnenswert ist.

# DIE GENERATION
# »MAN MÜSSTE MAL«-JUGEND

Um die Zukunft der heutigen Kinder und jungen Erwachsenen ist es wirklich nicht gut bestellt. Während wir sie auf Facebook daddeln lassen, ziehen wir ihnen den Boden unter den Füßen weg: **Mit uns kann die Generation »Man müsste mal«-Jugend auf jeden Fall nicht rechnen.**

Doch es gibt keinen Aufstand, nirgends. Sie hat Angst, anstatt wütend zu sein. Es ist Chance und Fluch zugleich, dass alles möglich scheint in ihrem Leben. Anstatt irgendetwas zu entscheiden, lässt sie sich lieber treiben. Sie ist zielstrebig und hat Biss, wenn es um die eigene Karriere geht. Na klar, sie ist ja nicht doof; sie weiß genau, was von ihr erwartet wird: Leistung.

Abitur in acht Jahren, Hausaufgaben bis zum Erbrechen, und wenn sie nicht mindestens drei Jahre Auslandserfahrung, Ehrenamt und zehn Praktika vorweisen kann, wird sie im Vorstellungsgespräch schief angesehen. Nächster, bitte. Wo bliebe da noch Zeit für Rebellion? Wie blöd nur, dass ihr all das in Zukunft nicht viel bringen wird. Sie gewinnt nichts mit ihrem Stillhalten, ihrer Duldung, ihrer Marktkonformität. Ihr Profil, nicht nur das auf Facebook, ist vielleicht ihr Kapital. Doch ein Profil macht noch keine Haltung.

**Was wir Eltern ihr hinterlassen, ist Chaos und Dreck.** Je später sie aufwacht, desto mehr davon. Sie muss endlich kämpfen: für Ökostrom, für Biolebensmittel, für flächendeckendes Car-

Sharing, für $CO_2$-neutralisierte Flüge und vor allem gegen die Schulden, die wir auf ihre Kosten machen.

Die Generation »Man müsste mal«-Jugend muss sich klarmachen, dass das Beispiel, das sie von ihren Eltern vorgelebt bekommt, nicht trägt. Sie sollte sich besser nicht auf ihre unentschlossenen und bequemen Eltern verlassen.

**Die Generation »Man müsste mal«-Jugend wird die Sache selbst in die Hand nehmen müssen!**

# DIE GENERATION
# »MAN MÜSSTE MAL«-
# KONSUMENTEN

**Der Konsument der Generation »Man müsste mal« ist ein tief gespaltenes Wesen.** Er ist der Treibstoff des Kapitalismus, doch genau dieser ist ihm insgeheim unheimlich. Der Konsum füttert seine Sehnsüchte, die so weit entfernt von seiner Erkenntnis liegen, dass man sich für Geld nicht alles kaufen kann. In der Praxis heißt das: Er würde sich gern vom Konsum emanzipieren, aber dann kommt schon wieder der nächste Sommerschlussverkauf. Was für ein Dilemma! So entschuldigt er sich oft vor sich selbst und anderen, denn er trottet dem Preis ebenso hinterher wie dem Trend und den Massen. Er entrüstet sich über Ausbeutung und Kinderarbeit, kauft aber konsequent den billigsten Kaffee und die billigsten Klamotten. Er verlangt viel und hat große Erwartungen: Er will alles vom Feinsten, aber dafür wenig bezahlen. Schließlich soll am Ende des Monats noch Geld im Portemonnaie bleiben. Er ist so frei, sich für seinen Bioeinkauf im eigenen Blog feiern zu lassen, um dann ins Flugzeug nach Indien zu steigen.

Er ist natürlich informiert genug, um die Schuldigen des Ökodilemmas zu benennen: **die böse Industrie, der böse Handel, die böse Zuckermafia, die sehr bösen Energiekonzerne und die noch bösere Ölindustrie.**

Die Feindbilder sind groß und mächtig und nicht auszurotten! Dass er sie jeden Tag bedient, vergisst er dabei.

Er bekommt die Welt, die er sich kauft. Und schimpft dabei leidenschaftlich auf die »Greenwasher-Unternehmen«[*], ohne zu sehen, dass **er selbst leider der größte Greenwasher von allen ist.** Denn er sagt, dass er alles tut, um der Umwelt zu helfen, dass er alles tut, um seinen $CO_2$-Fußabdruck zu vermindern. Doch er tut es nicht. Er sagt, dass er sich dazu verpflichtet fühlt, eine bessere Welt zu gestalten. Doch er tut es einfach nicht. Er hat panische Angst davor, dass ein grüner Lebensstil asketischen Verzicht bedeuten könnte. Da wird er irre. Und hofft, dass die hohe Ingenieurskunst ihm mit satten Effizienzsteigerungen eine Verhaltensänderung erspart. Er denkt, dass Nachhaltigkeit in hippem Lifestyle-Design eine tolle Sache wäre. Doch solange die Verpackung nicht stimmt, rührt er keinen Finger. Eigentlich, so sein Credo, lebt er doch in einer großartigen Welt. Voller Fülle und Möglichkeiten.

**Wenn da nur nicht dieses ungute Gefühl bliebe, dass er seine guten Vorsätze immer schnell über Bord wirft, wenn der nächste Kaufimpuls über ihn kommt.**

---

[*] Unternehmen, die so tun, als ob, und sich ein umweltfreundliches »grünes« Image geben, ohne jedoch entsprechende Maßnahmen in ihrem Kerngeschäft zu ergreifen.

# DIE GENERATION
# »MAN MÜSSTE MAL«-MANAGER

Der Manager der Generation »Man müsste mal« hat die große Chance, eine nachhaltige Welt zu gestalten. Er sitzt am Hebel. Doch was macht er? Business as usual.

**Er ist mächtig und steht gleichzeitig mächtig unter Druck.**

Die Gesellschafter und die Aktionäre erwarten maximalen Profit. Ihre Organisationen wollen so wenig Veränderung wie möglich. Die Wettbewerber in aller Welt scheren sich wenig um Umwelt- und Sozialstandards. Und auch auf die Kunden ist wenig Verlass: Sie fordern lauthals ethische Produkte und greifen am Ende doch zur billigeren Alternative. Wer will da vorangehen? Solange der Gute der Dumme ist? Und man sich mit dem Thema ordentlich die Finger verbrennen kann. Schlimmstenfalls sogar die Karriere riskiert.

Der Manager der Generation »Man müsste mal« ahnt, dass er mehr tun könnte, besonders dann, wenn er seinen Kindern ins Gesicht blickt. So viel Macht und Verantwortung und so wenig Courage. Umdenken entsteht erst, wenn die Ressourceneffizienz zum Wettbewerbsfaktor wird oder der Ruf des Unternehmens in Gefahr kommt. Ansonsten gilt ihm Nachhaltigkeit bestenfalls als nice-to-have. **Was zählt, ist survival of the fittest.**

Die Generation »Man müsste mal«-Manager lebt noch zu häufig davon, dass der Staat als Schiedsrichter versagt. Die Kosten der Umweltnutzung werden hemmungslos externalisiert, die Rechnung zahlen die Menschen in der Dritten Welt und die nach-wachsenden Generationen. Doch diese Gewinn-und-Verlust-Rechnung wird in Zukunft nicht mehr aufgehen.

Aber auch die umgekehrte Rechnung ist nicht leicht aufzu-machen, und so muss der Manager, der es besser machen will, in Zeiten des Shareholder-Value erst einmal beweisen, dass sich konsequentes Nachhaltigkeitsengagement für sein Unterneh-men und somit auch für die Shareholder rechnet.

Die Generation »Man müsste mal«-Manager hat es sicher nicht leicht, **aber das ist keine Entschuldigung, es gar nicht erst zu versuchen.**

# DIE GENERATION
# »MAN MÜSSTE MAL«-POLITIKER

Der Politiker der Generation »Man müsste mal« ist so verbreitet wie nie zuvor. Krisen stürzen auf das Volk ein, Umbrüche und technischer Fortschritt verunsichern. Doch er sitzt da auf seiner Bank und blickt angestrengt nach rechts und links, denn das ist das, was sein Tagesgeschäft bestimmt: seine eigene Position. Seine Hauptaufgabe, die Gestaltung und Sicherung der Zukunft, hat er hintangestellt. Das ist fatal für uns alle. Doch das stört ihn nicht. So sitzt er bequem, ohne Verantwortung übernehmen zu müssen. Wohin die Reise geht, bleibt offen.

**Große Ideen oder gar eine Vision sind der Generation »Man müsste mal«-Politiker fremd** – warum sollte sie auch etwas anstoßen, was erst langfristig Erfolg hat und wovon dann der Nachfolger profitiert? Dafür ist sie immer groß im Versprechen, wenn es um die nächste Wahl geht. **Denn sie hat gelernt, dass Populismus zählt und der Wähler in Sicherheit gewogen werden will.** Sie schiebt unbequeme Wahrheiten und wichtige Entscheidungen auf, damit der Wiederwahl nichts im Weg steht.

Manchmal erinnert sich ein Politiker der Generation »Man müsste mal« daran, dass er damals, in jungen Jahren, aus Idealismus in die Politik gegangen ist. Heute erinnert er sich vor allem immer wieder an die eigene Karriere oder die der Partei, und er erinnert sich viel zu oft an die Interessen der Wirtschaft. Heutige Politiker sind in ihren Ressorts oft weniger qualifiziert als die Heerscharen von Lobbyisten und Wirtschaftsvertretern, denen sie wenig entgegenzusetzen haben.

Die Generation »Man müsste mal«-Politiker postuliert lieber alte Glaubenssätze, als sich den drängenden Problemen zuzuwenden, und lässt so zu, dass in einem sehr reichen Land die Schere zwischen Arm und Reich immer größer wird. So groß, dass Kinder armer Familien ungebildet und chancenlos durchs Leben gehen. Die Generation »Man müsste mal«-Politiker stopft Löcher, statt das Entstehen neuer zu vermeiden, **sie reagiert, anstatt zu agieren, und versteckt sich hinter Panzerglas, wenn es darum geht, dem Volk zu erklären, was gerade mit ihm passiert.** Dass die Staats-Milliarden zur Eindämmung der Finanzkrise die Basis eines aus den Fugen geratenen Kapitalismus wieder und wieder genährt haben, sieht sie als Notwendigkeit. Dass Menschen auf der ganzen Welt die Konsequenzen tragen müssen, blendet sie aus. Und führt sich selbst ad absurdum, wenn sie einen Sommer lang eine Klimakanzlerin feiert, die erst nach einer Atomkatastrophe die Risiken der Kernkraftwerke begreift und die Minister walten lässt, die die Fördermittel für erneuerbare Energien – Grundlage der Klimapolitik – radikal kürzen. Ja, man müsste mal was tun gegen diesen Klimawandel.

Doch Verantwortung ist etwas, das Politiker lieber delegieren.

# DIE GENERATION »MAN MÜSSTE MAL«- WISSENSCHAFTLER

Wissenschaftler sind unsere Hoffnung auf ein besseres Verständnis dieser Welt. **Sie sind die Übersetzer der Probleme in Lösungen.** Die Wissenschaftler der Generation »Man müsste mal« haben die letzten 10, 20 oder 30 Jahre mit aller Kraft für die gute Sache gekämpft. Sie haben unter anderem berechnet, was getan werden muss, damit das Ökosystem Erde im Lot bleibt.

Sie wissen, dass es eine gemeinsame weltweite Anstrengung braucht, um das Ökosystem zu erhalten. Und sie sehen, dass es den Willen dazu nicht gibt, dass die Zukunft der Umwelt, unserer Erde »gewissen Sachzwängen« oder »politischen Notwendigkeiten« geopfert wird. Deshalb sind sie zermürbt und schimpfen auf die Politik. Oder sie sind pragmatisch und freuen sich an sehr kleinen Schritten. Im schlimmsten Fall arbeiten sie an einem Plan B, der davon ausgeht, dass es auch in Zukunft keine Kooperation der Weltgemeinschaft geben wird, um den Klimawandel zu bekämpfen.

Wenn ein Wissenschaftler der Generation »Man müsste mal« resigniert, lässt er sich von der Wirtschaft bezahlen und lässt unter seinem Namen Studien verbreiten, die tendenziös sind. Der Klimawandel eine Einbildung? Die Wissenschaft, die am ausgestreckten Arm des Staates hängt, verliert ihren Standpunkt.

Der Wissenschaftler der Generation »Man müsste mal« ist einst angetreten, um gesellschaftliche Herausforderungen zu meistern. Heute sagt er »Man müsste mal ...« und zieht sich in sein Kämmerlein zurück. **Viel zu wenige der Wissenschaftler schreien laut und in aller Welt hörbar »Stopp!«.** Und sagen, dass es anders laufen muss. Denn in welchem Dienst steht die Wissenschaft eigentlich? Im Dienst des Menschen. Ihr Rückzug in die Elfenbeintürme der Universitäten schafft ein Ungleichgewicht dort, wo für alle entschieden wird: an den Hebeln der Macht.

Und der Wissenschaftler der Generation »Man müsste mal« tut so, als sei er nicht ausführende Gewalt, sondern nur beratende Kraft, vor allem dann, wenn das Kind schon in den Brunnen gefallen ist. Sein Renommee wächst jedoch mit seiner Verantwortung, nicht mit seiner Forschung. **Seine Relevanz wächst mit seiner Stimme, nicht allein mit seinen Forschungsergebnissen.**

# Teil 4

# HOFFNUNG –
# WAS ZU TUN IST

We are as Gods
and better get good at it!

STEWART BRAND

# AM ANFANG STEHT EIN ANFANG

Lassen Sie uns einen Moment innehalten. Lassen Sie uns gemeinsam auf das schauen, was die letzten Seiten bei Ihnen ausgelöst haben. Sind Sie aufgewühlt, genervt, überfordert – oder lässt Sie der Blick auf uns einfach nur kalt?

Der globale Blick hat uns ganz schön apathisch gemacht. Zu viele Herausforderungen für zu viele Menschen – eine Weltgemeinschaft und auch noch den Planeten zu retten, das ist in der Tat eine Aufgabe, vor der jeder kapitulieren möchte. Kapitulation ist aber nicht mein Ding – und ich hoffe, Ihres auch nicht. Wenn Sie mir bis hierhin gefolgt sind und sich in diesem Buch wiederentdeckt haben, stellt sich die Frage:

Was können wir tun?

Ein gutes Leben hat nichts mit Verklärung oder Romantik zu tun. Es ist die logische Antwort auf unsere Krisen.

Das System funktioniert nicht mehr. Und wir sind zu reich, zu gebildet und zu gesund, als dass wir es nicht ändern könnten. Bei einem Burnout bleiben einem grob gesagt nur zwei Wege – Weiterentwicklung oder körperlicher und seelisch erschöpfter Stillstand. Wollen wir den Stillstand?

Dieses Kapitel heißt: Am Anfang steht ein Anfang – und das ist es, was ich mit diesem Kapitel erreichen möchte: **Ich möchte, dass Sie für sich in Ihrem Leben einen Anfang machen.**

Welcher das ist, ist zweitrangig. Vielleicht werden Sie seit Jahren das erste Mal wieder auf die Straße gehen oder das erste Mal in Ihrem Leben eine Demonstration organisieren. Vielleicht werden Sie zu Ökostrom wechseln und Ihren Freunden davon

erzählen. Vielleicht werden Sie eine Kampagne organisieren. Vielleicht werden Sie ein Unternehmen überzeugen, nachhaltig zu wirtschaften. Ihr eigenes Unternehmen oder das, für das Sie arbeiten. Vielleicht werden Sie das erste Mal anders auf die Werbung für einen Flachbildschirmfernseher sehen – und ihn nicht kaufen. Nicht heute und auch nicht in Zukunft. Vielleicht werden Sie sich das erste Mal Gedanken über die Lehrinhalte in der Schule Ihrer Kinder machen – und sich für eine Projektgruppe engagieren. Vielleicht werden Sie zweimal überlegen, ob Sie das Stück Fleisch oder Wurst wirklich essen wollen. Vielleicht werden Sie das erste Mal überhaupt bei Ihren Nachbarn klingeln und sich vorstellen. Vielleicht werden Sie in Ihrem Wahlkreis kandidieren oder einem Bürgerverein beitreten, weil Sie die Dinge in Ihrer Nachbarschaft besser machen wollen. **Vielleicht verlieren wir unseren Zweifel und fangen einfach mal an.**
Denn jetzt geht es darum, die bequeme Angststarre zu überwinden und sich den Herausforderungen zu stellen.

Wenn in den Nachrichten Wissenschaftler vor dem Kippen des Ökosystems warnen, dann geht es mir sicher genauso wie Ihnen: Ich kann und will es nicht mehr hören. Es macht mich betroffen. Ich fühle mich schlecht. Wie bei jeder Nachricht über den Krieg. Wie bei jeder Nachricht über Armut. Jeder Nachricht über Hunger. Doch genau das reicht nicht! Keine Ausreden mehr! Kein Abwarten mehr! Gehen wir die Dinge endlich an! Werden wir endlich erwachsen und übernehmen Verantwortung für unser Leben!
**Der Klimawandel ist ein Weckruf, der uns, wenn wir genau hinsehen, auch den Weg zeigt.** Jetzt geht es darum, Position zu beziehen und sich als einzelner, wichtiger Teil des Ganzen zu begreifen. Sie, ja genau Sie machen den Unterschied. Sie sind der Unterschied. Fühlt sich das nicht wunderbar an? Sie haben es in der Hand. Sie entscheiden, wie wir in Zukunft leben wol-

len. Nur Sie können sich die Frage beantworten: In welcher Welt möchte ich leben? Und was kann mein Beitrag sein?

Wir alle brauchen neue Ideen für unser Zusammenleben. Jeder Einzelne von uns kann sie formulieren. Wir brauchen eine neue Ethik. Der Klimawandel, so sagte mein liebster Streitpartner, der Sozialpsychologe Harald Welzer, der Klimawandel ist auch ein Kulturwandel.

Wir dürfen uns jetzt Utopia ausmalen. Wir sind frei von allem, um uns auf den Weg ins Ungewisse zu machen. Wir dürfen und müssen endlich ungehorsam sein und die Verhältnisse infrage stellen. Wir dürfen endlich wieder spielen, Szenarien entwickeln und neue Lösungen denken.

Auf den folgenden Seiten zeige ich Ihnen die Themen auf, die mir wichtig sind und bei denen wir anfangen sollten. Und Ideen, von denen ich glaube, dass sie einen Beitrag leisten, um unsere Gesellschaft besser zu machen. Einige von ihnen sind mehr, andere weniger ausformuliert. Es sind Ideen, die meine Hoffnung nähren, dass wir als Gesellschaft ein ganzes Stück zusammenwachsen können.

Meine Hoffnung, dass wir als Bürger unseren Platz in der Gesellschaft einnehmen.

**Heute leben wir als Gesellschaft ohne gemeinsamen Nenner. *Wir* könnten endlich wieder ihr gemeinsamer Nenner werden.**

We must all move shoulder to shoulder in
a unified front to show this administration that
the true majority of people are willing to vote for
a cleaner environment and won't back down.

LEONARDO DICAPRIO

# KLIMAWANDEL BEKÄMPFEN

Nicht dass Sie jetzt denken, ich wäre übertrieben alarmistisch, aber uns droht die dramatischste Erderwärmung seit Millionen von Jahren: Der Klimawandel drängt, er ist fatal.
Jeder Einzelne ist gefordert, in Sachen Klimaschutz seinen ernstgemeinten Beitrag zu leisten. Jeder Einzelne.
Und wir können von dieser Herausforderung nur profitieren: **Der Klimawandel gibt uns die große Chance, einen kulturellen Wandel einzuläuten:** weg von der egozentrischen, kurzfristigen Lebensplanung hin zu einem bewussten, nachhaltigen Lebenswandel. Diese Veränderung wird alle Bereiche umfassen: unser persönliches, unser gesellschaftliches, unser wirtschaftliches und unser politisches Leben. Beginnen wir also jetzt damit.

Meine Forderung ist so klar wie dringend:
Wir müssen alles tun, um uns so schnell wie möglich von fossilen Energieträgern frei zu machen. 80 Prozent unseres Lebensstils beruhen immer noch auf fossiler Energie!
Wir können mit unserem Handeln der Politik und der Wirtschaft signalisieren, dass wir bewusst eine Änderung anstreben, um das Klima nachhaltig zu schützen. Wir können alternative Energien nutzen, wir können unser Mobilitäts- und unser Konsumverhalten ändern und dadurch jeden Tag gegen den Klimawandel ankämpfen.
**Der Klimawandel gehört, vor Bildung und Finanzen, dauerhaft als politisches Topthema auf die Regierungsagenda. Auch und besonders dann, wenn andere Krisen drängen.**
Eine Leugnung des Klimawandels darf es nicht geben. Es scheint, als hätte die widersprüchliche Berichterstattung seine

Bekämpfung zuletzt erheblich gebremst. Denn wo ist der Klimawandel geblieben? Seit der Finanzkrise ist er von den Titelseiten fast vollständig verschwunden. Wir wissen seit 40 Jahren, dass der Klimawandel auf uns zukommt, und vor 20 Jahren, auf der Rio-Konferenz, erkannten und beschlossen die führenden Staatschefs, dass wir nicht länger störend in das Ökosystem eingreifen dürfen. Doch seitdem ist praktisch nichts passiert. Ein paar mehr oder weniger erfolgreiche Klimagipfel in Cancún, Kopenhagen, Durban. Die Erkenntnis, dass wir ein Problem haben, ist seit Langem da. Halbherzig formuliert von uns Bürgern, Konsumenten, Wählern, Menschen. Halbherzig formuliert von der Politik. Halbherzig formuliert von der Wirtschaft, die weiterhin $CO_2$ in die Luft bläst, als wäre nichts passiert. Allen Wissenschaftlern, die in diesem Kampf gegen Windmühlen Federn gelassen haben, allen Journalisten und Publizisten, allen Menschen des öffentlichen Lebens, die gegen den Klimawandel kämpfen, gehört mein ganzer Respekt. Doch sonst ist nur Stille.

**Die große Gefahr ist: Der Gedanke der Anpassung, also der vorweggenommenen Kapitulation, wird für viele Menschen immer attraktiver, denn darin liegt die Hoffnung, dass erst einmal alles so bleiben kann, wie es ist.** Ganz besonders attraktiv ist er für die Industrie und auch für die Politik. Anpassungstechniken, wer käme da nicht ins Träumen? Dämme, die Überschwemmungen verhindern, Landgewinnung auf schwimmenden Inseln, wie es uns holländische Architekten in wunderschönen Bildern bereits vormachen. Stromsparende Klimaanlagen, Wasserentsalzungsanlagen, energiesparende Großstädte, es herrscht weltweite Goldgräberstimmung, und es tun sich neue und hochattraktive Geschäftsideen auf.

Warum planen wir den zweiten Schritt vor dem ersten? Warum denken wir über Anpassung nach, obwohl wir nie ernsthaft versucht haben, den Klimawandel zu bekämpfen?!

Wie verrückt ist das?

110

Der Gipfel des Zynismus war ein Preis, den das Umweltbundesamt 2011 ausgeschrieben hat. Sein Titel: »Anpassungspioniere gesucht«. Anpassung ist das Letzte, was wir brauchen! Das Gegenteil ist der Fall: Wir brauchen dringend Entschlossenheit im Kampf gegen den Klimawandel, eine deutliche Abgrenzung von der Ignoranz, Bequemlichkeit und dem vermeintlichen Pragmatismus, der uns einen Plan B in Sachen Klima weismachen will. Ja, wir brauchen eine Effizienzrevolution. Vor allem aber die Einsicht, dass eine bewusste Reduktion unseres Energieverbrauchs unsere Zukunft sichert. Die Bekämpfung des Klimawandels hat durchweg positive Effekte: Energische Schritte nach vorn kommen auch uns als Land zugute. Zukunftstechnologien wie alternative Energien (z. B. Offshore- und Solarenergieanlagen) sind heute schon ein begehrtes Exportobjekt. Hier besteht die historische Chance, als Pionier mit gutem Beispiel voranzugehen und sich dauerhaft Wettbewerbsvorteile zu sichern.

**Nachhaltigkeit ist in allen Facetten eine Riesenchance und ein Wachstumsmarkt.** Wir gehören als Teil der westlichen Welt zu denen, die seit Jahrzehnten auf Kosten anderer leben. Wir haben nicht nur die Chance, sondern auch die Pflicht, uns gegen den Klimawandel zu engagieren. Nutzen wir diese Chance und handeln jetzt! Klimawandel, nein danke! So könnte sie lauten, eine symbolträchtige Bewegung, die ähnlich der Anti-Atomkraft-Bewegung die Politik endlich zum Handeln bringt. Wir brauchen den Druck der Masse, um den Staat zu bewegen. Stellen Sie sich vor, welche Strahlkraft von einer Anti-Klimawandel-Bewegung ausgehen könnte.

Wir müssen jetzt – und nicht morgen – entschieden handeln. Und dafür sorgen, dass **Deutschland die führende Rolle im Kampf gegen den Klimawandel** übernimmt.

Eine zweite Arche Noah wird es nicht geben,
die uns in eine bessere Zukunft hinüberrettet.

RICHARD VON WEIZSÄCKER

# DIE PRIVATE ENERGIEWENDE

Die Energiewende ist keine Kür, sie ist unsere absolute Pflicht. Energie ist so wertvoll wie sauberes Trinkwasser. Ihre Verschwendung ist eine Versündigung an unseren Kindern. Es muss uns nicht nur im Geldbeutel, sondern auch im Herzen weh tun, wenn nachts die Geräte glühen. Wir brauchen die private Energiewende – und die kompromisslose innere Ächtung der Ausbeutung unserer Lebensgrundlagen. Richtig gelesen: Ausbeutung fängt schon damit an, nachts ungenutzt das Licht brennen zu lassen. Die private Energiewende ist unser persönlicher Beitrag zur kompromisslosen $CO_2$-Verminderung. **Die private Energiewende muss vor allem eine Verbrauchswende sein.**

Das Ziel der deutschen Klimaschutzpolitik, die $CO_2$-Emissionen bis 2050 um mindestens 80 Prozent zu reduzieren – Sie haben richtig gelesen: minus 80 Prozent –, ist nur zu erreichen, wenn wir auf allen Ebenen die Energieeffizienz steigern und konsequent Energie sparen. Die Politik lässt den großen Hebel des Energiesparens bislang völlig außer Acht. Die 2011 von der Regierung Merkel angekündigte Energiewende in Deutschland bleibt bisher in erster Linie eine Energieerzeugungswende und ist leider keine Energieverbrauchswende.

Sicher wird es in der Industrie, in den Lobbyzirkeln und damit auch in Politik und Medien Kräfte geben, die noch einmal versuchen werden, mit bekannter Propaganda die Atomkraft in Deutschland zu halten. Egal, was die Politik uns erzählt: Die Energiewende ist die Investition in die Zukunftsfähigkeit unseres Landes. Alles andere führt uns in die entgegengesetzte Richtung.

Wir dürfen die zögerliche Umsetzung der Energiewende durch die Politik nicht hinnehmen, sondern müssen mehr fordern: Gebt Atom- und Kohlestrom endlich den Preis, den er uns als Gesellschaft tatsächlich kostet! Setzt mehr Anreize für die Wirtschaft, die Energieeffizienz zu steigern und auf alternative Energien umzusteigen. Lassen Sie sich nicht weismachen, dass der Wirtschaftsstandort Deutschland in Gefahr sei!

Und fangen Sie vor allem bei sich selbst an: Der erste Schritt ist der Wechsel zu einem Ökostrom- oder Ökogasanbieter. Der zweite ist die konsequente Reduktion des persönlichen Energieverbrauchs. Im eigenen Haus. Im Auto. Auf Reisen. Überall da, wo wir Einfluss nehmen können.

Wir müssen uns unseres Verbrauchs bewusst werden. Messen Sie Ihren $CO_2$-Fußabdruck. Erst wenn Sie wissen, was Sie jeden Tag verbrauchen, können Sie wirklich aktiv werden. Kaufen Sie sich ein Energiemessgerät und kommen Sie Ihren größten Stromfressern im Haushalt auf die Schliche. Und sparen Sie danach kompromisslos Strom. Schaffen Sie Geräte, die unnötig Energie verbrauchen, wie Trockner, Mikrowelle, Wäschemangel, ab. Verbannen Sie Geräte, die permanent im Stand-by-Modus laufen, aus Ihrem Haushalt. Oder installieren Sie eine Steckdosenleiste mit Abschaltautomatik. Ersetzen Sie ineffiziente Elektrogeräte (und stellen den alten Kühlschrank anschließend bitte nicht im Partykeller auf). Installieren Sie eine Solaranlage auf dem Dach. Daran verdienen Sie trotz Subventionsabbau noch immer. Überprüfen Sie Ihre Mobilität, Ihre Heizungspumpe, die Isolierung Ihres Hauses und, und, und. Missionieren Sie, sensibilisieren Sie andere. Nehmen Sie Einfluss über politische Gremien in Ihrer Kommune, nerven Sie Ihren Bundestagsabgeordneten, unterstützen Sie Umweltorganisationen.

**Befreien Sie sich wie ein Raucher von der Zigarette. Energiesucht ist heilbar. Zumindest in Teilen.**

»Es gibt sie noch, die guten Dinge.«

MANUFACTUM

»Es gibt sie schon, die guten Dinge.«

UTOPIA

# KONSUMENTEN IN DER PFLICHT

Ich kann es gar nicht oft genug wiederholen: Der Konsument ist jeden Tag an der Macht. Mit jedem Einkauf, mit jedem Tausch von Geld in Ware bestimmt er die Produktion, die Selektion und den Wert von Waren. Er verfügt über einen großen Handlungsspielraum, denn die besseren Alternativen gibt es ja. Überall. Der Konsument ist kein machtloser Einzelkämpfer, er ist die Masse. Er bestimmt mit seinen Konsumentscheidungen, welche Güter in Zukunft produziert werden, und beeinflusst somit maßgeblich die Entscheidungen der Unternehmen.

Der Konsument hat zwei starke Waffen in der Hand: **seine Kaufentscheidungen und das Vertrauen, das er Unternehmen schenken und entziehen kann.** Wenn er diese Mittel bewusst einsetzt, entscheidet er, welche Unternehmen auf Dauer wirtschaftlich erfolgreich sind. Und welche nicht.

Ironischerweise ist sich der Konsument seiner Macht nicht bewusst; er agiert wie ferngesteuert und delegiert Verantwortung an Unternehmen. Er überlegt meist gar nicht, was er kauft, er kauft einfach. Er weiß nicht, was er verbraucht, er verbraucht einfach.

Ein paar von uns haben zumindest angefangen: Sie kaufen grüne Reinigungsmittel, Bio-Müsli und Fairtrade-Kaffee. Häufig endet ihr Eifer damit jedoch. Im Kleinen ist die Welt ökologisch korrekt, aber dort, wo es richtig anstrengend wird und mitunter weh tut, also etwa bei der Heizung, beim Auto, bei der Lebensversicherung, fehlt das Engagement. Aber genau dies sind die größten Hebel für die Transformation. Die Anzahl derer, die wirklich bewusst konsumieren, ist noch sehr, sehr gering. Das sind die Öko-Rebellen, die oft belächelten Fundis. Die Frage, die sich Utopia, viele andere Organisationen und Teile der Politik stellen, lautet: Wie kommt bewusster Konsum aus der Nische heraus und in die Massen hinein?

Das Gebot ist: Achtsamkeit. Wir müssen lernen, uns über unseren Einkauf und über unseren Verbrauch bewusst zu werden. Denn nur dann können wir etwas verändern.

Wir wissen, dass billige Ware eigentlich nicht gut sein kann. Denn fast alles, was billig ist, ist im engeren und weiteren Sinne teuer und ungesund: Die industrielle Herstellung verursacht Umweltschäden, minderwertige Inhaltsstoffe schaden unserer Gesundheit. Und Billigprodukte sind meistens nur durch Sozialdumping in der Dritten Welt möglich. Weil wir all das wissen, sollten wir daraus auch unsere Konsequenzen ziehen. Wir müssen lernen, dass wir auch mit weniger auskommen und dass der permanente Überfluss, der uns umgibt, uns davon abhält, maßzuhalten. **Wir müssen lernen, unsere Impulse zu kontrollieren.** Impulse verführen zu Käufen – haben Sie einmal überlegt, seit wann wir Impulskäufe überhaupt tätigen? Es ist noch nicht einmal eine Generation her, dass wir so dermaßen maßlos geworden sind. Auf wessen Kosten, verdrängen wir. Es ist auf Kosten unserer eigenen Kinder.

Was abstrakt klingt, ist leichter, als wir denken, wenn wir uns konsequent auf unsere vier großen Hebel konzentrieren: unsere Mobilität, unseren Energieverbrauch im Haushalt, unsere Ernährung, unser Anlageverhalten. Und wenn wir wieder mehr auf unseren gesunden Menschenverstand vertrauen: Wir reduzieren unsere Flugreisen – beruflich und privat – auf ein Minimum. Stattdessen machen wir häufiger Video- und Skypekonferenzen und verbringen unseren Urlaub in der Nähe. Wir ersetzen sooft wie möglich unsere Autofahrt durch die Fahrt mit öffentlichen Verkehrsmitteln oder dem Fahrrad. Wir greifen im Supermarkt, im Modegeschäft etc. bewusst zu umweltfreundlichen, fair gehandelten Produkten, auch wenn sie im Einzelfall teurer sind. Denn wir wissen, dass Qualität und Verantwortung nicht zum Nulltarif zu haben sind. Bei unseren langfristigen Investitionsentscheidungen – beim Kauf des nächsten Autos, der nächsten Waschmaschine oder des nächsten Kühlschranks – entscheiden wir uns konsequent für die energieeffizientere Alternative. Das ist nicht nur gut für die Umwelt, sondern angesichts steigender Energiepreise auch für unseren Geldbeutel. Wir machen einen Bogen um Banken, die unser Geld verzocken und in zweifelhafte Anlagen investieren, und gehen im Zweifel lieber zu ethischen Banken. Mit dieser »Kundenbewegung« setzen wir die Banken unter Druck, unser Geld künftig konsequent ethisch zu investieren.

Wir wissen, dass Information unser Verhalten beeinflusst, und informieren uns gezielt bei Foodwatch, Stiftung Warentest, Verbraucherzentralen. Das sind einige unserer Verbraucherlobbys in Deutschland. Wir engagieren uns bei ihnen und proben den zivilen Ungehorsam. **Und wir nutzen die Chance, Unternehmen zu sagen, was wir uns von ihnen wünschen und von ihnen erwarten.** Ein Ort im Internet, an dem Sie das tun können, ist Utopia.de. Bei Utopia war es uns von Anfang an ein wichtiges Anliegen, den Dialog zwischen Konsumenten und Unternehmen über nachhaltige Themen zu fördern. Viele Unternehmen stellen sich diesem Dialog und sind bereit, sich mit Ihren Fragen, Anregungen und Erwartungen auseinanderzusetzen. Das ist gelebte Verbrauchermacht und eine gute Möglichkeit, auf offene Ohren zu treffen.

**Am Ende gilt dennoch: Der beste Konsum ist und bleibt der Nicht-Konsum.**

Es kann nicht schaden, ein paar neue Schwerpunkte im Leben zu setzen und ab und zu ein paar alte Glaubenssätze infrage zu stellen. Nur ein Beispiel: Ist es wirklich schön, in einer Stadt zu leben, in der immer noch mehr Autos fahren? Oder wäre eine Fahrradstadt wie Kopenhagen vielleicht sogar der Ort mit höherer Lebensqualität? Vielleicht bedeutet Entschleunigung gar nicht Verzicht, sondern einen Gewinn an Lebensqualität.

PS: Nicht nur wir sind Verbraucher. Es gibt Verbraucher, die noch viel mehr Einkaufskraft haben als wir, und das sind Staat, Kirchen und Sozialverbände. Sie stehen besonders in der Pflicht und tun noch viel zu wenig.

Politik ohne Prinzip

Wohlstand ohne Arbeit

Handel ohne Moral

Vergnügen ohne Gewissen

Erziehung ohne Charakter

Wissenschaft ohne Menschlichkeit

Religion ohne Opfer

DIE SIEBEN TODSÜNDEN DES KAPITALISMUS NACH
MAHATMA GANDHI

# IT'S THE ECONOMY, STUPID!

Zu den Gründungsgedanken von Utopia.de zählte von Anfang an die Frage nach dem größten Hebel. Welcher Bereich in unserem Leben und unserer Gesellschaft kann den größtmöglichen nachhaltigen Effekt erzielen? Uns wurde schnell klar, dass das die Wirtschaft ist, der größte Machtfaktor auf unserem Planeten. Die 500 größten Konzerne kontrollieren über 50 Prozent des weltweiten Bruttoinlandsprodukts, also aller in einem Jahr auf der Welt produzierten Güter (Waren und Dienstleistungen), die dem Endverbraucher dienen. Diesen Faktor wollten wir nutzen. Wir stehen mit unserem Gedanken zum Glück nicht allein da. Das Umweltprogramm der Vereinten Nationen (UNEP) formulierte unlängst: **»Achieving sustainability rests almost entirely on getting the economy right.«**

Die Wirtschaft steht in der Pflicht: aus moralischen, ökonomischen und strukturellen Gründen und weil sie gesellschaftlich verantwortlich ist. Sie steht in der Pflicht, ihren Gestaltungsspielraum maximal auszuschöpfen. Sie kann gern der Big Player sein oder werden. Aber bitte einer von den guten.
**In einer Zeit, in der Politik jeden nachhaltigen Gestaltungswillen vermissen lässt und es nicht schafft, vorausschauende Rahmenbedingungen für die Wirtschaft zu setzen, sind die Unternehmen in besonderer Weise gefordert.** Angesichts schwindender Ressourcen und wachsender Weltbevölkerung ist nachhaltiges Wirtschaften alternativlos. Rohstoffe und Energie werden in wenigen Jahren unbezahlbar sein. Unternehmen, die morgen wirtschaftlich erfolgreich sein wollen, müssen deshalb heute die Weichen stellen.

Knapp wird in Zukunft auch die »Ressource Mensch«.

Bereits im nächsten Jahrzehnt werden gute, qualifizierte Mitarbeiter in Deutschland Mangelware sein. Eine nachhaltige Unternehmensführung kann da zum Erfolgsfaktor werden, denn sie wirkt sich positiv auf die Reputation des Unternehmens aus und damit nicht zuletzt auch auf die Attraktivität als Arbeitgeber.
Die Wirtschaft steht in der Pflicht, weil sie wendig ist. Sie kann schneller agieren und schneller umsteuern, als die Politik Gesetze verabschieden kann.
Die Wirtschaft steht in der Pflicht, transparent zu machen, wie sie ihre gesellschaftliche Verantwortung wahrnimmt. Das ist für Unternehmen immer noch ungewohnt, aber Transparenz kann zu einem echten Wettbewerbsvorteil werden. Denn die Kunden sind wachsam und gut organisiert: Unlauteres Handeln und die daraus erwachsenden Skandale kommen heute über das Internet oder die NGOs fast zwangsläufig ans Tageslicht. Es wird also ungemütlicher.
Die Wirtschaft steht in der Pflicht, Lobbyarbeit für die richtige Sache zu machen. Wenn schon Lobbyarbeit, dann für die gute Sache. Es kann nicht sein, dass sich deutsche Unternehmen ihren Fortschritt verbauen, indem sie in Brüssel wie kein zweites Land ambitionierte Klimaschutzziele blockieren (zum Beispiel $CO_2$-Grenzwerte für Autos), statt systematisch darauf hinzuwirken, dass das Beste zum Standard wird.

**Nachhaltigkeit muss integraler Bestandteil jeder Unternehmensstrategie werden!** Sie darf nicht in der Corporate-Social-Responsibility-Abteilung hängenbleiben, sie gehört ins Tagesgeschäft und ins Herz jedes Unternehmens: in die Produktionsprozesse, in das Lieferkettenmanagement, in das Marketing, in die Kommunikation, in das Human-Ressource-Management. Unternehmen haben jetzt die Chance, ihre Verantwortung auf ganzer Ebene zu zeigen. Sie müssen ihre Geschäftspartner,

Kunden und Mitarbeiter genauso in die Pflicht nehmen wie ihre Zulieferer. Dazu kann ein klar definierter Verhaltenskodex dienen sowie die – sicherlich neue – interne Botschaft, dass die Einhaltung von Nachhaltigkeitskriterien ein neuer, maßgeblicher Erfolgsfaktor sein wird.

Unternehmen dagegen, die Greenwashing betreiben, statt die Probleme beim Schopf zu packen, sollten von Kunden wie Geschäftspartnern abgemahnt und abgestraft werden. Unternehmen sollten vielmehr ehrlich Bericht erstatten: über ihre Ziele, über Fortschritte und Rückschläge bei der Transformation zu einem nachhaltigen Unternehmen. Nur so kann ein neues Vertrauen zwischen Kunden und Unternehmen entstehen und wachsen. Auch deshalb sind – besonders in schwierigen Zeiten – Manager gefordert, standhaft zu bleiben und Kurs zu halten.

**Bei alldem dürfen wir nicht vergessen: Nachhaltigkeit in Unternehmen ist kein Selbstzweck und muss sich rechnen.** Erst wenn Nachhaltigkeit zum wirtschaftlichen Erfolgsfaktor wird, wird sie sich auf breiter Ebene durchsetzen. Dazu braucht die Wirtschaft zwei starke Verbündete: einen Staat, der die Rahmenbedingungen für nachhaltiges Wirtschaften schafft, und Kunden, die nachhaltige Angebote mit Nachfrage honorieren.

Es gibt zum Glück bereits zahlreiche Unternehmen, die entschlossen vorangehen und Nachhaltigkeit konsequent in ihre Unternehmensstrategie und -prozesse integriert haben.

Es gibt zum einen die, die schon heute fast alles richtig machen. Und es gibt die Umweltbewegten und die Manager in konventionellen Großunternehmen, die Risiken eingehen, um ihr Unternehmen nachhaltiger zu gestalten.

Zu den »Fast-100-Prozentigen« gehören für mich die grünen Pioniere der Gründerjahre: Stellvertretend möchte ich Jürgen Schmidt von memo, Götz Werner von dm und Götz Rehn von

Alnatura erwähnen. Sie sind es, die viele Bewegungen in die richtige Richtung initiiert und dafür selbst oft genug einen hohen Preis gezahlt haben. Auch nennen möchte ich die engagierten Umweltbewegten **Michael Otto** von der Otto Group, **Wolfgang und Thomas Gutberlet,** die Unternehmerfamilie hinter tegut, stellvertretend für die vielen anderen, die versucht haben, andere Unternehmen zu inspirieren. Sie alle eint, dass sie ihre Erfahrungen und ihr Wissen großzügig mit Wettbewerbern, Freunden, Lieferanten und Kunden geteilt und damit viele Nachahmer gefunden haben.

Kein Pionier der ersten Stunde, aber ein Mann, der bereit war, seinen Handlungsspielraum bis an die Grenzen auszureizen, ist der Vorstandsvorsitzende der Deutschen Telekom, **René Obermann.** Er hat mich mit seinem Mut, einen Tanker durchaus auch gegen Widerstände in Bewegung zu setzen, sehr beeindruckt. Mehr noch, er hat mir den Glauben zurückgegeben, dass Teile der Wirtschaft erkannt haben, dass Veränderungen nötig sind und dass diese Veränderung Chefsache ist.
Er hat das Changemaker Manifest der Utopia Stiftung unterschrieben und damit weitreichende Selbstverpflichtungen abgegeben, was für einen Mann an der Spitze eines internationalen Konzerns immer ein hohes Risiko bedeutet. Und er hat auf jede kritische Frage der Utopia Community eine respektvolle, reflektierte Antwort gehabt.

In unserer Wirtschaftselite ist noch ein Name dazugekommen, den vor drei Jahren keiner auf der Rechnung hatte. Erinnern Sie sich noch an das Buch von Naomi Klein »No Logo«, in dem sie den Turnschuhproduzenten dies- und jenseits des Atlantiks die allerschlechtesten Noten verpasst und damit bei uns Konsumenten für ein heftiges Umdenken gesorgt hat? Dieses Buch ist nicht nur bei Verbrauchern nicht ohne Wirkung geblieben. Die Turnschuhindustrie hat nachgebessert. Die einen mehr, die anderen weniger. Ein Unternehmer hat einen Schritt getan, den die Mehrheit seiner Kollegen bis dahin für absolut unmöglich erklärt hatte: Jochen Zeitz von Puma.

Er hat den globalen Umweltverbrauch seines Unternehmens bilanziert. Die öffentlich gemachte Umweltbilanz der Puma AG ist eine bahnbrechende Pionierleistung, für die Jochen Zeitz zu Recht mit dem deutschen Nachhaltigkeitspreis ausgezeichnet wurde.

Diese Beispiele inspirieren. Sie machen Mut.

Es braucht jetzt noch mehr Unternehmen, die wie auch das britische Kaufhaus Marks & Spencer sagen: Nachhaltigkeit ist unser »Plan A, because there is no Plan B«.

## DAS CHANGEMAKER MANIFEST

Als verantwortungsbewusstes Unternehmen sehen wir unsere Aufgabe auch darin, den Wert zu steigern, den unser Unternehmen für die Gesellschaft und den Erhalt einer intakten Umwelt erbringt.

Wir wissen, dass große Veränderungen in kurzer Zeit notwendig sind, um den existenziellen Bedrohungen unserer Gesellschaft entgegenzuwirken. Deswegen werden wir über den üblichen Rahmen hinaus ökonomisch, ökologisch und sozial nachhaltig handeln.

Wir werden kein »Greenwashing« betreiben und dokumentieren unsere Maßnahmen im Bereich Nachhaltigkeit mit voller Transparenz. Und wir lassen uns an unseren Taten messen.

Wir verstehen uns als Vorreiter einer neuen Generation nachhaltiger Unternehmen und bieten allen unseren Partnern, Kunden und Lieferanten unsere Hilfe auf dem Weg zu mehr Nachhaltigkeit an.

Wir wissen, dass wir nicht alle Vorsätze sofort umsetzen können, aber wir werden große Schritte unternehmen, um nachhaltig zu wirtschaften.

Heute nicht auf Kosten von morgen.
Hier nicht auf Kosten von anderswo.

# IT'S POLITICS, STUPID!

Die Demokratie steht am Scheideweg zwischen totaler Bedeutungslosigkeit und lustvollem Revival. Nie war Politik für uns Bürger so wichtig wie heute. Die Piratenpartei ist der lebendige Beweis für einen fundamentalen Erdrutsch, der eine echte Wiederbelebung unseres demokratischen Systems hervorbringen könnte. Auch wenn ich ein ungutes Gefühl dabei habe, dass aus Protest so viele Stimmen und damit ein Vertrauensvorschuss in eine Blackbox gegeben wurden, von der wir überhaupt nicht wissen, wie sie die von den Wählern verliehene Macht nutzen wird. Doch die Piratenpartei zeigt zumindest die Sehnsucht nach dem Neuen, die Sehnsucht nach einer Alternative zu den alten Parteien, die nur noch versuchen, den Status quo zu retten, anstatt Zukunft zu denken und Lösungen zu formulieren. Und sie zeigt, dass die Grünen heute eher als Politzombies denn als Kraft der Erneuerung gesehen werden. Es ist wohl auch ein Teil der Tragik der Grünen, dass sie sich jetzt, wo sie so dringend gebraucht werden, als veränderungsresistente Partei mit dem ewig gleichen Politbüro, vulgo Parteispitze, präsentieren und weniger innere Erneuerung schaffen als die tradierten Parteien.

**Wir brauchen den politischen Neuanfang. Dringend. Einen Neuanfang, der Politiker und Bürger gleichermaßen begeistert.**

Wir brauchen einen klaren Richtungswechsel. Meine Richtung ist im klassischen Sinne des Wortes eine *nachhaltige* Politik »Nachhaltige Entwicklung ist Entwicklung, die die Bedürfnisse der Gegenwart befriedigt, ohne zu riskieren, dass künftige Generationen ihre eigenen Bedürfnisse nicht befriedigen können.« Politik muss also maßgeblich vorausschauend handeln, um die Lebensgrundlagen der nachfolgenden Generationen zu erhalten. Was wäre vorausschauende Politik? Zuerst einmal eine Politik, die nicht »auf Sicht fährt«, sondern die **ihre Richtlinienkompetenz wieder wahrnimmt, im besten Wortsinn also gestaltet.** Dazu braucht Politik **Vision.** Wir brauchen die besten Köpfe in der Regierung, die diese Vision formulieren und leben können. Quereinsteiger sollten mit offenen Armen willkommen geheißen werden! Viel zu oft konnten wir in der Vergangenheit beobachten, wie die wenigen hoffnungsträchtigen Quereinsteiger schnell wieder vom anfahrenden Karussell flogen, oft ohne dass sie überhaupt Platz nehmen konnten.

Eine vorausschauende Politik ist eine Politik, die führt und agiert, statt zu reagieren. Es ist eine Politik, die systemische Probleme systemisch löst und große Lösungen denkt, statt kleine Probleme zu bearbeiten. Der Bürger muss erwarten können, dass eine Regierung stark genug ist, um Probleme, die die Gesellschaft unmittelbar bedrohen, unmittelbar zu lösen. Und wenn nicht lösen, dann sich diesen Problemen zumindest zu stellen! Eine vorausschauende Politik agiert zum Wohle künftiger Generationen und ist bereit, unpopuläre Entscheidungen zu treffen. Ressourcenschutz ist oberstes Gebot – damit ist vielleicht zunächst ein Rückgang des BIP verbunden, langfristig ist Ressourcenschutz jedoch alternativlos. Vorausschauende Politik braucht eine starke Lenkung, es muss klare politische Verbote (wie das FCKW-Verbot 1990) und gleichzeitig klare Anreize geben (zum Beispiel steuerliche Förderung alternativer Energien). Eine neue Politik muss richtiges Verhalten fördern. Zwei Beispiele: Die Dienstwagenregelung ist sofort zu kippen, weil sie falsches Konsumverhalten und daraus folgende Umweltschäden steuerlich belohnt. So lenkt man in die falsche Richtung. Und natürlich muss auch das Flugbenzin regulär besteuert werden. Denn erst wenn das Fliegen ein realistisches Preisschild bekommt, können wir eine wirklich bewusste Entscheidung treffen.

Eine vorausschauende Politik funktioniert wie ein homöopathisches Mittel: Bei Anwendung verschlechtern sich zuerst die Symptome (Arbeitslosigkeit steigt, Einkommen sinken, Wirtschaft schrumpft); nach dieser Konsolidierung aber geht es bergauf, denn die Strukturreformen greifen, Wettbewerbsfähigkeit steigt (vor allem durch den Innovationsvorteil bei nachhaltigen Technologien), es gibt eine gerechtere Verteilung innerhalb der Gesellschaft. Eine vorausschauende Politik setzt die richtigen ökologischen und sozialen Leitplanken – und emanzipiert sich damit auch von der Wirtschaft. Da ist noch ein weiter Weg zu gehen.

**Politik braucht Storytelling.**
**Also Erklärung, Übersetzung und Vermittlung.**

Die großen Herausforderungen, denen wir heute entgegentreten, brauchen auch neue Herangehensweisen. Politiker müssen wieder erklären, heranführen, Verständnis wecken. In einer idealen Welt würden sie uns sogar für ihre Strategien begeistern. Insbesondere dann, wenn die Bürger Lasten zu tragen haben. Wer die Menschen nicht mitnimmt, wird irgendwann abgewählt. Politiker könnten durch eine vorausschauende Politik aber nicht nur begeistern, sondern endlich auch das verlorene Vertrauen ihrer Bürger zurückgewinnen.

Wir brauchen ein Lobbyverbot für den Bundestag. Wir brauchen eine konsequente Verringerung des Einflusses von Wirtschaft und Banken auf Gesetzbildungs- und politische Entscheidungsprozesse. Besitzstandswahrung darf kein politisches Motiv mehr sein. Unser Spendensystem muss transparenter und reformiert werden. Und eine Klientelpartei, die nicht aufs Ganze schaut, gehört abgewählt.

Dialog braucht ein gemeinsames Ziel. Demokratische Politik hilft uns, das Wesen unserer Gemeinschaft nicht nur zu denken, sondern miteinander zu gestalten. Das haben wir vor lauter Krisen aus den Augen verloren.

Lassen Sie uns also einmal Restart drücken und von neuem beginnen.

## THE CONSCIOUS CONSUMER BILL OF RIGHTS

(1) The right to safety – to be protected against the marketing of goods and services that are hazardous to health, life, or the safety of our future.

(2) The right to be informed – to be protected against fraudulent, deceitful, or misleading information, advertising, labeling, or other practices, and to be given, by all goods and service providers, unrestricted access to the complete information needed to make an informed choice, including but not limited to ingredients, materials, origin, labor conditions, life cycle, and political activity.

(3) The right to choose – to be assured access to a variety of products and services at competitive prices (as long as those prices do not come at the exploitation of others); and in those industries in which competition is not workable and Government regulation is substituted, an assurance of satisfactory quality and service at fair prices.

(4) The right to be heard – to be assured that consumer interests will receive full and sympathetic consideration in the formulation of Government policy, and fair and expeditious treatment in its administrative tribunals.

(5) The right to service – the right to privacy, courtesy, and responsiveness to consumer problems and needs and all steps necessary to ensure that products and services meet the quality and performance levels claimed for them (Clinton, 1994).

Anpassung der von John F. Kennedy 1962 verkündeten und von Bill Clinton 1994 ergänzten »Consumer Bill of Rights« an die Bedürfnisse des 21. Jahrhunderts, www.fearlessrevolution.com

# GELD MACHT SINN

Geld ist ein riesiger Hebel für eine nachhaltigere, bessere Welt. Jeder von uns trifft an irgendeinem Punkt seines Lebens eine Entscheidung, wie er seine Altersvorsorge plant, wie er sein Geld anlegt und wo er sein Girokonto führt. Egal, ob es um viel oder wenig Geld geht: Wir sind alle Geldanleger – auch der Student, der Rentner, der Hartz-IV-Empfänger. Die meisten von uns haben irgendeine Versicherung, die das Geld für uns anlegt. Jeder hat ein Girokonto, manche haben ein Sparbuch oder Aktien.

Geld ist nicht nur ein riesiger Hebel für Veränderung, sondern gleichzeitig der größte blinde Fleck, den wir haben.

Wir wissen nichts über unser Geld. Wir sind finanzielle Analphabeten. Doch Geld verleiht Macht. **Denjenigen, die es haben, und, was noch viel wichtiger ist, denjenigen, die es verwalten.** In den letzten Jahren haben viele von uns ihr Geld den falschen Menschen in den Rachen geschmissen. Kaum jemand hat uns in letzter Zeit so über den Tisch gezogen und die Welt mutwillig an den Rand des Ruins getrieben wie die Finanzindustrie. Von Casinokapitalismus ist die Rede, was eigentlich beschönigend ist. Denn im Casino wird in der Regel nicht fremdes Geld verzockt.

Anstatt ohnmächtig vor der großen Macht des Finanzmarktes zu kapitulieren, können wir unser Geld einfach dahin bringen, wo es Dinge ermöglicht, wo es die Zukunft schafft, anstatt Zukunft zu vernichten. Also zu ethischen Banken. Wenn jeder von uns sofort ein Viertel seines verfügbaren Vermögens, egal wie groß oder klein es ist, ethisch anlegen würde, was sicher für uns alle machbar ist, kämen die konventionellen Banken schnell unter Druck und müssten sich auf die veränderte Nachfrage einstellen. Wir würden beginnen, die Bankenlandschaft zu verändern.

Denn, Hand aufs Herz, die Politiker stehen dem Bankwesen vollkommen hilflos gegenüber, weil sie gar nicht die Kapazitäten haben, um sich mit der Argumentation der Banken kritisch auseinanderzusetzen. Ein hochrangiger Regierungsmitarbeiter hat mir gestanden, dass einem personell gut ausgestatteten Bankteam (»Die haben zwanzigmal mehr brillante Denker als wir«) gerade mal eine ganze Handvoll exzellenter Volkswirte im Bundeskanzleramt entgegenstehen. Und ist es wirklich beruhigend, dass sich Angela Merkel fachlichen Rat bei Josef Ackermann und Konsorten holt? Allem demonstrativem Reuegeschwätz nach der Finanzkrise zum Trotz: **Die allermeisten Banken haben unser Vertrauen nicht mehr verdient.**

Wie aber kann überhaupt eine funktionierende Bankenkontrolle ausgeübt werden? Wie sollen im Bundeskanzleramt unabhängige finanzpolitische Szenarien entstehen, wenn die Banken mit ihrer angeblichen Systemrelevanz drohen? Wir warten und warten auf staatliche Regulierung und Grundlagen für ethisches Fairplay – ohne Erfolg.

Es geht aber schon längst anders, und da kommen wir wieder ins Spiel. Der Schritt, den Markt zu gestalten und Anlegermacht auszuüben, ist denkbar einfach. Es kostet nicht viel Zeit, ein Konto bei einer der guten und empfehlenswerten Banken zu eröffnen. Hier meine ich insbesondere die GLS Bank, die Ethik Bank, die Umweltbank, die Triodos Bank und neuerdings auch die kirchlichen Banken wie die KD-Bank und Newcomer wie die Quirin Bank. Aber auch einige Schweizer Banken, bei deren Namen und Herkunft wir bisher eher an Steuerhinterziehung und Nummernkonten gedacht haben, sind in Sachen Nachhaltigkeit erstaunlich fortschrittlich und lassen viele deutsche Banken alt aussehen. Auch diesen Banken dürften Sie in Fragen der ethischen und nachhaltigen Geldanlage getrost Ihr Geld anvertrauen.

Banken, die nachhaltig wirtschaften, versprechen Transparenz. Ja, sie lassen Sie ins Innere ihres Handelns blicken. Wer auf die Website der Triodos Bank geht, findet dort alle Unternehmen, die im Moment für die Triodos Bank als Anlagemöglichkeiten infrage kommen.

Damit verrät diese Bank ihren Kunden ein wertvolles Betriebsgeheimnis. Eine ähnliche Preisgabe von Informationen werden Sie bei herkömmlichen Banken sicher nicht finden. Die Menschen, die in »guten« Banken sitzen, haben ein ganz anderes ethisches Verständnis. Und sie brauchen unser Geld und unsere Unterstützung, um möglichst viel Schwungmasse zu entwickeln, denn noch agieren sie in der Nische. Mit steigendem verwalteten Anlagevermögen steigt auch ihr Einfluss und setzt neue Trends.

Wenn Sie anfangs noch einen Teil Ihrer Anlagen bei einer »klassischen« Bank lassen, dann quälen Sie sie. Fragen Sie nach ethisch-ökologischen Anlagemöglichkeiten. Fragen Sie nach der Anlagepolitik der Fonds. Machen Sie es Ihrem Anlageberater nicht leicht, damit sich auch in Ihre Bank hineinträgt, dass da ein neuer Trend und eine neue Erwartungshaltung entstehen. Dasselbe gilt für Versicherungen: Fragen Sie nach deren Anlagepolitik. Seien Sie auch hier unbequem.

Sie werden vielleicht schnell an Grenzen stoßen, aber das wird Ihre Motivation, zu einer ethischen Bank zu wechseln, nur verstärken. Ich wollte tatsächlich die Deutsche Bank, bei der ich viele Jahre Kunde war, von innen heraus verändern, zumindest den Berater meiner Filiale. Weil ich dachte, es könnte nicht schaden, wenn man Riesen zum Tanzen bringt. Erfolglos. Ich habe viel Zeit mit dem Versuch verbracht, dort eine kleine Altersvorsorge nach streng nachhaltigen Kriterien anzulegen, und bin trotz relativ guten Willens meines Beraters krachend gescheitert.

Lassen Sie uns einmal kurz träumen: Wenn heute die Hälfte aller Bundesbürger nur zehn Prozent ihres momentan verfügbaren liquiden Vermögens in konsequent nachhaltige und ethische Geldanlagen investieren würde, dann würde der Finanzmarkt richtig unter Druck gesetzt werden. **Die Banken müssten umdenken und sich ein neues Geschäftsfeld erschließen. Vermutlich würde eine echte Goldgräberstimmung entstehen.** Und dieses Mal eine mit positiven Auswirkungen. Sagen Sie jetzt bitte bloß nicht: »Eigentlich müsste man wirklich mal!« Eröffnen Sie lieber ein Konto!

Sich aber politisch zu engagieren heißt,
den Leuten draußen in der Welt zu dienen.
Und das tut gerade in Zeiten wie diesen
bitter not. Es reicht nicht, sich an das
Repräsentantenhaus und den Senat zu wenden;
die ganze Welt soll es hören: »Wir haben
begriffen, dass Fehler gemacht wurden.
Jetzt werden wir einige Dinge ändern.«

GEORGE CLOONEY
IN SEINER ANSPRACHE ZUR DARFUR-FRAGE
VOR DEN VEREINTEN NATIONEN

# WELTRETTUNG IST KEIN ZUSCHAUERSPORT ODER: KEIN RÜCKZUG INS PRIVATE

Kennen Sie das super Sprichwort, dass jeder zuerst mal vor seiner eigenen Tür kehren soll? Vergessen Sie es! Das ist Schnee von gestern. Gehen Sie bitte zum Nachbarn und kehren dort. Und vor allem erklären Sie ihm, warum Sie dort kehren. Noch besser, Sie gehen auf den Marktplatz und kehren öffentlich.

**Auch Mahatma Gandhis Ausspruch »Be the change you want to see in the world« fällt unter die größten Irrtümer der Menschheitsgeschichte,** zumindest in diesen gefährlichen Zeiten. Wir haben keine Zeit für transzendentale Meditation und Verinnerlichung, weil die Zeit drängt. Und bis wir unsere Therapie zu Ende gebracht haben und endlich »the change« geworden sind, ist es ziemlich sicher zu spät für so ziemlich alles. Denn das Problem ist ja, je komplexer und chaotischer die Welt wird, desto mehr versuchen wir Komplexität zu reduzieren – und konzentrieren uns auf unsere vier Wände und unsere Familie. Genau das sollten wir jetzt ändern.

Auch wenn Gärtnern jetzt das neue Yoga wird (bin selbst infiziert), solange es blickgeschützt hinter hohen Mauern stattfindet, halte ich es für tendenziell gefährlich, weil es vom Wesentlichen ablenkt. Und uns so beschäftigt hält, dass wir darüber die Außenwelt und vieles andere vergessen. Wenn Sie also zu denen gehören, die gern am Gartenzaun beziehungsweise Spielfeldrand stehen und aus sicherer Entfernung kluge Kommentare abgeben, sei Ihnen gesagt: Das muss ein Ende haben! Weltrettung ist kein Zuschauersport! Wir alle sind gefordert.

Ganz zu Beginn des Buches haben Sie gelesen: »Hoffnung ist eben nicht Optimismus. Es ist nicht die Überzeugung, dass etwas gut ausgeht, sondern die Gewissheit, dass etwas Sinn macht – ohne Rücksicht darauf, wie es ausgeht.« Dieses Zitat von Václav Havel hat mich zu diesem Buch und durch das Buch hindurch getragen. Engagement ist geboten. Es ist mir wirklich egal, was Sie machen, aber machen Sie was: in Ihrer Nachbarschaft, im Kindergarten, in einer Bürgerinitiative, in einer Verbraucher- oder Umweltschutzorganisation. Engagieren Sie sich und politisieren Sie sich. Wir müssen unsere Demokratie nämlich nicht nur schützen, sondern auch nützen. Soll sich bitte keiner über Politiker erheben, der nicht selbst bereit ist, Verantwortung zu übernehmen und auf die Bühne zu treten.

Weltrettung ist ein Teamsport, und wenn dieses Buch nicht ganz umsonst gewesen sein soll, dann hoffe ich, dass Sie sich noch heute ein Trikot überstreifen und Ihren Platz im Sturm einnehmen.

# KEIN RÜCKZUG INS INTERNET

Auch wenn es verlockend ist: Wir dürfen uns nicht ins Internet zurückziehen und glauben, dass es reicht, allein dort eine gute Sache zu unterstützen. Petitionen im Netz sind zu einfach. Zum einen, weil ich am Ende doch nicht sicher bin, dass sie den Empfänger und ihr Ziel erreichen, zum anderen, weil ich an die Kraft des realen Engagements glaube. Wer einmal in einer Menschenkette gestanden hat, weiß, wovon ich rede. Das Gefühl, zusammen für eine Haltung einzustehen, kann einen noch Jahre tragen.

Ich selbst habe mich »schuldig« gemacht, als ich glaubte, dass Utopia.de als Plattform reiche. Schuldig, weil ich gehofft hatte, dass eine Community im Internet die Welt bewegen kann. Ich war von den Möglichkeiten der sozialen Medien und des Web 2.0 berauscht. Heute weiß ich: Im Netz kann jede Bewegung ihren Anfang nehmen, ihre volle Blüte entfaltet sie aber erst in der realen Welt. **Ein virtuelles Leben ersetzt nicht das echte.** Der Arabische Frühling hat kraftvoll aufgezeigt, welche Möglichkeiten der Organisation, welche Sprengkraft und welche Energie durch das Internet freigesetzt werden können. Aber auch dort nahm die Bewegung im Internet nur ihren Anfang und entfaltete ihre wahre Kraft auf der Straße. Viel zu viele verwechseln einen Klick, der ohne große Anstrengung gemacht und dessen Wirkung kaum messbar ist, mit echtem Engagement, das das Verlassen des gemütlichen Sofas abverlangt.

Utopia.de ist ein Platz, an dem sehr viele bewegte und engagierte Menschen vor dem Bildschirm sitzen. Oft stundenlang.

Kommentare und Artikel sind gut, jedoch kein Ersatz für ihre Stimme in der Bürgerversammlung. Auch wenn ich mir mit dieser Behauptung vermutlich heftigen Widerspruch einhandle: Die Occupy-Bewegung hat mehr Veränderung geschaffen als alle Online-Petitionen von Campact, Attac, Germanwatch zusammen. Sie hat für alle Welt – auch medial – sichtbar gemacht, dass es sehr viele Menschen gibt, die sich den gegenwärtigen Verhältnissen entgegenstellen. Das kann das Internet (zumindest bisher) nicht leisten: die volle, sichtbare Symbolkraft des Engagements. Das Internet kann Veränderungen anstoßen, nachhaltig ausgestalten und umsetzen müssen wir alle sie im »wahren Leben«.

Die Zukunft wird eine
permanente Betaphase!

HUBERTUS VON LOBENSTEIN

# DIE BILDUNGSREVOLUTION

Wir brauchen eine Bildungsrevolution. In einer Gesellschaft, in der sich alle fünf bis zehn Jahre das Wissen verdoppelt, in der Information schneller wächst als die Wirtschaft, ist mehr nötig als das Erfüllen eines alten Lehrplans und gute Noten. **Eine Welt, die auf neue, unbekannte Ziele zusteuert, braucht Menschen, die mit den richtigen Fähigkeiten ausgestattet sind, um diesen Herausforderungen gerecht zu werden.**
Unsere Bildung steht deshalb vor einem entscheidenden Wendepunkt in ihrer Geschichte. Unsere Schulen und Universitäten produzieren angepasste Funktionseliten, aber keine zukunftsfähigen Denker. Denn in unserer Konsensgesellschaft zählt staatlich geprüftes Expertentum mehr als Originalität und Kreativität.

Der Mensch kommt mit einer unglaublichen Neugier und ausgestattet mit jeder Menge Entdeckergeist auf die Welt. Anstatt diese Ressourcen weiter zu fördern, erzählen wir unseren Kindern, dass mit der Schule der »Ernst des Lebens« beginne. **Wir ersticken ihre Neugier, strangulieren sie mit Informationen und Fakten,** die ebenso unspannend wie unwichtig für ihre Zukunft sind. Verstehen Sie mich nicht falsch, es kann auch im 21. Jahrhundert nicht schaden, eine fundierte Allgemeinbildung zu haben.
Es mag auch interessant sein, zu wissen, mit wem Goethe amourös angehauchte Korrespondenzen geführt hat. Lesen bildet. Aber wie heute gelesen wird, blendet die Schule aus. Unsere Generation hat sich noch durch den elterlichen Brockhaus geackert oder durch meterlange Regale in der Bibliothek. Heute

finden Schüler und Studenten das Material für ein Referat oder eine Hausarbeit im Netz und verfahren unreflektiert nach dem Prinzip »copy and paste«. In anderen Fächern fehlt die Anbindung an den Alltag, und damit geht die Faszination, dass Wissen den Alltag verändern kann, verloren.

Was unsere Kinder brauchen, ist Selbstvertrauen, Empathie und Herzensbildung. Sie müssen sich selbst in Gruppen erleben und neben dem Geist auch Herz und Bauch spüren. In einem Schulsystem, das so defizitorientiert ist wie das unsere und das so wenig Zeit und Kraft darauf verwendet, die Stärken unserer Kinder zu entdecken und aufblühen zu lassen, in dem Feedback vor allem in Noten besteht und niemand Zeit hat, Kinder gezielt zu fördern, ist Schule eher eine Deformationsanstalt als ein Ort, der Kinder stark macht.

Was unsere Kinder brauchen, ist Kreativität und Transferdenken. Die Verbindung von Fakten herstellen und Zusammenhänge erkennen und verstehen zu können, Annahmen hinterfragen und Alternativen entwickeln zu können, darauf wird es in Zukunft mehr denn je ankommen. Denn: Was sie nicht denken können, können sie nicht verändern. **Nur so werden sie Selbstbewusstsein und ein Gefühl für ihre eigene Selbstwirksamkeit erlangen können.**
Unsere Kinder wissen schon heute, wo und wie sie an Wissen kommen, und es ist wirklich alles Wissen für sie erreichbar. Wichtig erscheint mir daher, dass wir unseren Kindern den Umgang mit Medien beibringen, dass wir ihnen helfen, Wichtiges von Unwichtigem unterscheiden zu lernen und herauszufinden, welche Quellen vertrauenswürdig sind und welche nicht.
Unsere Kinder werden auf chaotische Zeiten zusteuern und müssen lernen, Entscheidungen zu treffen. Und das gemeinsam mit anderen. Das heißt, sie brauchen Teamfähigkeit, Debattenstärke und den Mumm, Lösungen zu entwickeln.

Wenn sie etwas bewegen und andere mitreißen wollen, werden sie darauf angewiesen sein, ihre Gedanken sauber formulieren und gekonnt präsentieren zu können.

*Das* muss Schule ihnen beibringen – und so viel Begeisterung und Leidenschaft wie irgend möglich.

Ein treffender Name für einen Schulort ist die Schule für kreatives Management in Aarhus, Dänemark, die sich selbst offiziell Kaospiloterne nennt: Chaospiloten. Zu den Lerninhalten gehören Mitgefühl, persönliches Wachstum, Risktaking, Leadership und Spielen, bei dem man ja bekanntlich besonders viel lernt. All das gehörte auch auf den Lehrplan unserer Kleinsten, die von diesen Themen schon sehr viel verstehen.

Eltern und Lehrer sollten gemeinsam auf die Straße gehen und für die Umsetzung eines neuen Lernens kämpfen. **Unser Bildungssystem müsste genauso viel Furor hervorrufen wie Stuttgart 21.** Bildung muss neben Klima und Finanzen ein Top-3-Thema auf unserer politischen Agenda werden! Heute fehlt es an politischen Vordenkern, die sich der Sache verschrieben haben, ebenso wie es an Inhalten fehlt, die über die letzte Schulreform hinausgehen.

Wie sagte Abraham Lincoln so schön? »Die Dogmen einer ruhigen Vergangenheit eignen sich nicht für die stürmische Gegenwart. Diese Situation ist voller Schwierigkeiten, und wir müssen an diesem Ereignis wachsen. Da unser Fall neu ist, müssen wir neu denken und handeln.«

**Das galt im Jahr 1862 und ist heute so aktuell wie nie.**

The dogmas of the quiet past,
are inadequate to the stormy present.
The occasion is piled high with difficulty,
and we must rise – with the occasion.
As our case is new,
so we must think anew,
and act anew …

ABRAHAM LINCOLN

# WOHLSTAND 2.0

Bisher hatten Fortschritt und Glückseligkeit eine einfache, logische Formel. Es musste nur Wachstum her, davon würden alle profitieren. Anders ausgedrückt: Steigt das Bruttosozialprodukt einer Gesellschaft, steigt auch ihre Lebensqualität. Wir wissen heute, dass diese Rechnung nicht aufgeht. Mehr quantitatives Wachstum heißt auch: mehr Stress, mehr Unfälle, mehr Krankheit – und vor allem: weniger Zeit. Ein Zusammenhang zwischen Wirtschaftswachstum und besseren Lebensbedingungen für alle ist leider nicht herzustellen. Im Gegenteil, je mehr Geld fließt, desto ungerechter wird es verteilt. Wie also schaffen wir es, eine Gesellschaft zu formen, in der wir die Lebensqualität vom Wirtschaftswachstum entkoppeln. Indem wir unser Ziel ändern. Der US-Ökonom Joseph Stiglitz brachte das Dilemma auf eine einfache Formel: **Wir brauchen nicht Wachstum, sondern Wohlstand.**

Doch dieser gedanklich einfache Wechsel muss zunächst unseren Glaubenssatz aufbrechen. Wachstum ist der Glaube, auf dem unser wackeliges System aufgebaut ist. Kein Wachstum, keine Möglichkeit, Schulden zurückzuzahlen, keine Rentensicherheit und, und, und. Es ist höchste Zeit, an bestimmten Mantras zu zweifeln und bestimmte, vermeintlich logische Erklärungen zu hinterfragen.

Die Blase auf dem Finanzmarkt hat wie keine andere Krise gezeigt, dass Überkonsum auf Pump keine Grundlage des Wirtschaftens sein kann. Wer immer schneller immer mehr Kredite überzieht, wer immer schneller immer mehr Ressourcen verbraucht, als er wiederherstellen oder gewinnen kann, der steuert ins Desaster – auf dem Finanzmarkt ebenso wie bei der Erderwärmung. Wobei zwischen beiden Problemen ein gewaltiger Unterschied besteht: **Der Kapitalismus verzeiht schwerwiegende Fehler von Politikern, Verbrauchern und Wirtschaftsmanagern. Er erlaubt, auch nach dem Desaster noch gegenzusteuern. Das Klima nicht.** Die Natur ebenso wenig. Wenn Lehman Brothers Bankrott anmeldet, muss das Finanzsystem nicht untergehen, auch wenn die Welt mächtig ins Wanken kommt. Wenn die Arktis eisfrei wird, geht einiges unter – egal wie viele Rettungspakete die Staaten der Welt dann schnüren. Warum also nicht aus dem akuten Finanzschock die Lehren für die weitaus bedrohlichere Krise ziehen und endlich die Weichen für einen ökologischen Umbau der Weltwirtschaft stellen? Wenn plötzlich ein »zweites Bretton Woods«* in aller Munde ist, könnte doch auch ein »zweites San Francisco« denkbar sein. 1945 wurde dort die UN-Gründungs-Charta unterzeichnet. Es war der, wie wir inzwischen wissen, höchst unvollkommene Versuch, ein globales Gemeinwohl politisch zu verankern. Warum nicht auf ein zweites, diesmal möglichst vollkommenes San Francisco hinarbeiten? Weil es naiv oder lächerlich klingt? Das galt bis vor Kurzem auch für die Idee, Banken zu verstaatlichen.

Es ist jetzt an der Zeit, uns die Frage zu stellen, wie wir Wachstum und Wohlstand für uns ganz persönlich und für den Rest der Welt definieren. Es stehen ausreichend Alternativen zur Verfügung, um eine Gesellschaft zu formen, in der es sich auch ohne quantitative Wachstumsorientierung gut leben lässt.
Meine oberste Priorität ist dabei Zeit.
Und die Freiheit und die Autonomie, mir diese Zeit einzuteilen
Wohlstand ist aber auch die Vernetzung mit anderen Menschen, unsere Einbindung in unseren Freundeskreis, die Nachbar-

---

\* In Bretton Woods wurde 1944 das internationale Währungssystem neu geordnet.

schaft, die Gesellschaft. Seinen Lebensstandard etwas abzusenken, um mehr Zeit für sich selbst, die Familie, Freunde und gesellschaftliches Engagement zu haben, erscheint mir als hochattraktiv. Und Ihnen?

Reversing global warming will take
a World War II level of mobilization.
It is the work of tens of millions
not hundreds of thousands.

VAN JONES

# NEUE STATUSSYMBOLE

Stellen Sie sich vor: Endlich bekommen wir Anerkennung für die Statussymbole, die uns wirklich wichtig sind: Wir bekommen Anerkennung für unsere lebenslange, gepflegte Freundschaft anstatt Bewunderung für unser Auto. Wir bekommen Anerkennung für ein $CO_2$-neutrales Leben. Anstatt der Bewunderung für die letzte Fernreise. Wir bekommen Anerkennung für das Engagement, das wir in der Gemeinschaft leisten. Wir strahlen plötzlich in einem ganz anderen Licht. Nämlich in unserem eigenen. Mein Haus, mein Auto, mein Boot – diese Statussymbole klingen schon so kühl und karrieregeil wie die 80er und 90er Jahre, in denen sie besonders hochgehalten wurden. Diese Symbole sind passé. Im wahrsten Sinne des Wortes: Sie passen einfach nicht mehr.

**Status definiert sich heute mehr denn je über die eigene Haltung.** Raus aus dem Unbewussten, weg vom ferngesteuerten Lemmingtrieb, lassen Sie uns unsere eigenen Ideale schaffen. Denn bringt es das, mit dem doppelten Espresso to go abgehetzt im Yogastudio aufzulaufen, um sich dann 45 Minuten zu entspannen? Und in lichten Momenten kurz mal zu denken: »Eigentlich müsste man mal …« Oder verschwärmt jungen Eltern zuzuflüstern, sie sollten ihre Zeit mit den Kindern auskosten, sie wäre ja so schnell vorbei?

Ist Zeit nicht wirklich und wahrhaftig das kostbarste Gut, das wir haben? Zeit für unsere Kinder, für Familie und Freunde. Und vor allem: für uns selbst.
Stellen Sie sich vor, Sie geben sich einen Tag in der Woche frei, um nur die Dinge tun zu können, die Sie wirklich tun wollen.

Was wäre das für ein anderes Leben, in dem Sie Ihren ganz privaten Independence Day feiern. Und das jede Woche! Wie wäre es, wenn Sie es gelegentlich schaffen, von Freitag bis Montag offline und damit unerreichbar zu sein? Wie viel Raum werden Sie plötzlich für sich haben, für Ideen, für Muße, für Ruhe.

Status bekommt heute einen neuen Wert. Welcher das ist, das entscheiden wir. Wir können entscheiden, ob wir uns für eine Karriere bewundern lassen oder für ein Wochenende offline. Wer würde uns nicht bewundern für richtig große und lange Auszeiten und Urlaube, die nicht zwingend in die Ferne führen müssen, vielleicht sogar auch einfach zu Hause stattfinden? Wir könnten mit unserem eigenen Gemüse- oder Blumengarten angeben. Auf die Frage, wo Sie denn diese schönen Blumen gekauft haben, könnten Sie lächelnd auf Ihren Garten zeigen.

Besonders für Männer aber sind immer noch Autos das Größte. Kaum einer, der nicht nervöse Zuckungen und akuten Speichelflussreflex bekommt, wenn er ein großes, schnelles Auto sieht. Wenn ich Männer nach dem ultimativen »grünen« Statussymbol frage, fällt immer wieder der Name Tesla Roadster. Das sei der Ferrari unter den Elektroautos, den könne man mit gutem Gewissen fahren, heißt es. Autos wie der Tesla bedienen aber immer noch das traditionelle Muster von »Mein Haus, mein Auto, mein Boot« beziehungsweise von »bigger, better, faster, more«, deshalb bin ich froh, dass es immer mehr schicke *kleine* Elektroflitzer gibt, die mindestens ebenso viel Spaß machen, eher für »smaller, smarter, fast (enough) and fun« stehen und vor allem eines sind: massentauglich! Diese neuen fahrbaren Untersätze sind genauso prestigeträchtig wie die »Dickschiffe« und lassen Männer- und sogar Frauenherzen in puncto Design, Beschleunigung, Verbrauch und Sinnlichkeit ebenso sicher schneller schlagen. Doch noch warte ich sehnsüchtig auf den Tag, an dem der erste meiner Freunde sein großes »Schiff« gegen einen Kleinwagen eintauscht, weil er »schlicht nicht mehr braucht«. Wenn das Auto auch nur ein kleines bisschen an Bedeutung verlieren würde, dann wären wir einen großen Schritt weiter.

Es gibt wirklich unendlich viele Möglichkeiten, sich über ein neues Leben zu definieren. Und das kleine bisschen Zurschaustellen, das lieben wir alle. Geben Sie's zu. Für mich ist es das selbst geerntete Gemüse und Obst aus meinem Garten, das mich in Entzücken versetzt. Und für Sie?

Was wird Ihr neues Statussymbol sein?

**Was auch immer es sein wird: Viel Spaß beim Angeben!**

Wir sind die erste Generation,
die die globalen Gefahren
für die Menschheit erkennt.

STOCKHOLM-MEMORANDUM
DER 20 NOBELPREISTRÄGER VON 2011

# UMWELT BRAUCHT
# EIN PREISSCHILD

Erklären Sie das mal Ihrem Kind: Da dürfen Flugzeuge die Luft
verpesten und müssen nichts tun, um den Schaden wiedergutzumachen. Im Gegenteil, Flugbenzin wird subventioniert, indem
es steuerfrei ist. Atomstrom ist billig, billiger als Ökostrom, aber
nur, weil wir die gigantischen Folgekosten für die Zwischen-
und Endlagerung und den Strahlenschutz nicht mitrechnen.
Palmöl ist billig und wird in rauen Mengen in der westlichen
Welt nachgefragt. Aber nur, weil der Preis nicht die Folgekosten
der gigantischen Regenwaldrodungen in Südostasien reflektiert.
Waldsterben, Luftverschmutzung, die Verschmutzung der Ozea-
ne, Gesundheitsschäden – alle diese Kosten zahlen nicht die
Verursacher, sondern werden auf die Allgemeinheit und die
künftigen Generationen abgewälzt. Die Preise der allermeisten
Produkte sagen heute nicht die »ökologische Wahrheit«.
**Sie sagen uns: Umweltschädigung ist zum Nulltarif zu ha-
ben.** Wie aber sollen wir ökologisch verantwortliche Kaufentscheidungen treffen, wenn die umweltschädlichere fast immer
die billigere Alternative ist? Fliegen ist billiger als Zugfahren.
Atomstrom ist billiger als Strom aus erneuerbaren Energien.
Solange das so ist, ist der Gute fast immer der Dumme.

Diese kontraproduktive, für die Umwelt verheerende Anreiz-
situation wird sich erst ändern, wenn wir die nicht bilanzierten,
sogenannten externalisierten Kosten in die Preise einbeziehen.
Erst wenn die Produkte ihren wahren Preis erhalten, werden
sich umweltfreundliche Kaufentscheidungen auf breiter gesell-

schaftlicher Basis durchsetzen können. Denn dann wird es für jeden von uns nicht nur ökologisch, sondern auch ökonomisch sinnvoll, uns für umweltfreundliche, fair gehandelte Produkte zu entscheiden. Der Widerspruch zwischen Ökonomie und Ökologie wird dann schneller aufgehoben. **Wenn Atomstrom endlich teurer ist als Strom aus Windenergie, muss man kein Öko (mehr) sein, um zu einem Ökostromanbieter zu wechseln. Dann wird es ganz einfach normal.**

Es gibt verschiedene Methoden zur Bilanzierung der externen Kosten. Hinter allen steht das gleiche Konzept: Umweltschäden dadurch zu vermeiden, dass die bisher auf uns alle abgewälzten indirekten Kosten in den Preis eingerechnet werden, damit endlich gilt: **The cleanest is the cheapest.**

Wer Visionen hat,
braucht keinen Arzt,
sondern Verbündete!

HANS HOLZINGER

# STIFTER IN DER PFLICHT

»Philanthropie ist fast immer zutiefst undemokratisch insofern, als die wohlhabende Elite ihre Ressourcen einsetzt, um
ihre eigene Vorstellung von öffentlichem Wohl durchzuset-
zen.« So Robert Jacobi, Autor des Buches »Goodwill-Gesell-
schaft«.

In Deutschland gibt es eine neue Gesellschaftsschicht. Sie ist
eitel, wohlhabend und engagiert. Sie will etwas zurückgeben,
vielleicht auch etwas nachholen, was in ihrem bisherigen Leben
zu kurz gekommen ist. Manchmal gehört dazu Anerkennung.
Die Rede ist von einer wachsenden Stiftungskultur: In Deutschland gibt es über 19 000 Stiftungen und mehr als noch mal so
viele Treuhandstiftungen. Und jährlich werden knapp 1000
neue gegründet.

Stiftungen stecken, Spenden und Zuschüsse eingerechnet, rund
30 Milliarden Euro pro Jahr in Projekte – und das alles fast völlig nach eigenem Gusto. So kann die wohlhabende Elite ihre
eigenen Vorstellungen vom öffentlichen Wohl bestimmen. Stifter sind nicht verpflichtet, Geschäftszahlen preiszugeben oder
darüber zu informieren, für welche Zwecke und wie viel gestif-
tet wurde. Es gibt Stiftungen, die sich ausschließlich um »be-
drohte Wildyaks und in Zentralasien beheimatete doppelhöcke-
rige Kamele (Trampeltiere)« bemühen, andere versuchen, mit
einem mageren Stiftungskapital von 50 000 Euro gegen Erd-
nussallergien zu kämpfen. Im schlimmsten Fall belastet manches gut gemeinte Stiftergeschenk Kommunen, wenn etwa für
die soeben erhaltene Kunstsammlung auch ein Museum gebaut
und unterhalten werden muss. Dabei sind das Geld und der Ge-
meinsinn von Stiftungen Gold wert! Beides sollte jedoch auch

professionell für das Gemeinwohl eingesetzt werden. Stifter können heute große gesellschaftliche Aufgaben übernehmen – und bewältigen. Aber nicht immer allein! In den USA scheint es Stiftern leichter zu fallen, ihr Ego hintanzustellen und gemeinsame Sache zu machen.

Gerade haben Warren Buffet und Melinda und Bill Gates mit The Giving Pledge bewiesen, wie viel Kraft und Dynamik entstehen kann, wenn das passiert. In Deutschland befremdet dieses Konzept noch, dabei macht es so viel Sinn. Stiftungen, insbesondere kleine mit geringem Kapital, müssen zusammenarbeiten, um Ziele zu erreichen. Mehr Kapital bedeutet mehr Produktivität. Es ist ein Jammer, engagierten Stiftungen zuzusehen, die in Wettbewerben um finanzielle Mittel gegeneinander antreten, anstatt sich für die Sache zusammenzuschließen. Wir brauchen keine 20 Kampagnen gleichen Inhalts, sondern 20 Stifter im Aufsichtsrat, die die eine Kampagne mit maximaler Wucht befeuern und in die Gesellschaft tragen. Wir brauchen Stifter, die ihren Auftrag souverän erfüllen. Das heißt: transparent, mit klarer Zielsetzung und kooperativ, um im Zweifel eine kritische Masse zu erreichen, die wirkliche Projekte in die Welt bringt. Stiften ist kein Hobby. Und sollte auch kein Hobby bedienen.

Stifter sind in der Pflicht, sich dem Gemeinwohl zu verpflichten. **Stiften ist eine Schenkung an die Gesellschaft – und nicht ans eigene Ego.**

Der Zeitdruck ergibt sich aus einem
einfachen physikalischen System,
in dem gerade eine Reaktion abläuft!

DIE MITARBEITERIN EINES RENOMMIERTEN WISSENSCHAFT-
LERS IM VERTRAULICHEN GESPRÄCH ÜBER DIE REALISTISCHE
EINSCHÄTZUNG DER WISSENSCHAFT, OB DER KLIMAWANDEL
DENN NOCH AUFZUHALTEN IST.

IHRE ANTWORT:
Eher nicht.

# WISSENSCHAFT IN DER PFLICHT

Wissenschaftler stehen in der Pflicht, zu Kommunikatoren ihrer eigenen Sache zu werden. Nur wenn wissenschaftliche Erkenntnisse in der Öffentlichkeit lautstark diskutiert werden, können sie gesellschaftliche Veränderungen bewirken.

Wir brauchen den großen Turnaround, und dafür brauchen wir die Wissenschaft. Sie muss ihren Beitrag leisten, dass das Thema Nachhaltigkeit nicht mehr von der politischen Agenda verschwindet. Eine erneute Kapitulation der Weltgemeinschaft vor den global-ökologischen Herausforderungen, wie wir sie seit dem Kyoto-Protokoll erlebt haben, kann sich die Menschheit nicht leisten.

Genau hier ist die Wissenschaft in der Pflicht, denn sie kennt wie keine zweite gesellschaftliche Gruppe die wahre Dimension der Herausforderung. Sie muss in Opposition gehen zur herrschaftlichen Denkrichtung, in Opposition zu einer Politik und Wirtschaft, die der Nachhaltigkeit nicht die erforderliche Priorität einräumen, und sich im gleichen Maße Verbündete in Politik und Wirtschaft suchen. Zu oft hat sich die Wissenschaft von Auftrag zu Auftrag, von Studie zu Studie gehangelt, anstatt mit der großen These an die Öffentlichkeit zu gehen.

Wir brauchen unabhängige Forschungsnetzwerke, die gegenüber Politik und Wirtschaft Relevanz haben, die über Entscheidungsgewalt und die finanziellen Mittel verfügen, um unabhängig zu arbeiten.

Wissenschaft muss uns heute mehr denn je die Welt erklären. Wir stehen vor Herausforderungen, deren Dimensionen und Konsequenzen für die Menschen schwer zu fassen sind.

**Wissenschaft hat die Aufgabe, diese Herausforderungen für uns zu übersetzen und Lösungen zu erarbeiten.**

Wissenschaft braucht Leidenschaft. Dass man über all die Jahre eben pragmatischer und realistischer geworden sei und die Machbarkeiten kenne – das ist eine Ausrede, das ist bequem. Wir brauchen Sie jetzt, liebe Wissenschaftler, um Szenarien zu entwickeln, wie wir die vielen Köpfe der Hydra aus der Schlinge ziehen. Es braucht Idealismus, das Feuer, gemeinsam etwas Großes erreichen zu wollen.

Einer Regierung im Rahmen von Kommissionen Empfehlungen auszusprechen und sich dann wieder in den Elfenbeinturm zurückzuziehen, ist in diesen Zeiten nicht mehr angemessen. Es ist im wahrsten Sinne verantwortungslos. Genauso wenig darf sich Wissenschaft damit begnügen, Prophezeiungen und Lösungen für unsere Gemeinschaft auszuarbeiten, um sie am Ende in Buchform ins Regal zu stellen. **Sie muss dafür kämpfen, dass ihr Wissen den Weg vom Buchregal in die Köpfe der Menschen findet und am Ende auch praktisch umgesetzt wird!** Es müssen endlich Taten folgen.

Es gibt sie, die diskutablen Ansätze, auf kleinster Ebene und hoch bis zum großen Ganzen. Ernst Ulrich von Weizsäckers »Faktor Vier«-Theorie (doppelter Wohlstand bei halbiertem Naturverbrauch) oder Michael Braungarts und William McDonoughs »Cradle to Cradle«-Ansatz, das Hauptgutachten des WBGU »Welt im Wandel: Gesellschaftsvertrag für eine Große Transformation« oder Studien wie »The Great Transition« von der New Economics Foundation.

Die Wissenschaft muss endlich die Politik unter Druck setzen, die großen Hebel zu betätigen. Dafür braucht es Zusammenarbeit. Es ist großartig, wenn sich 20 unabhängige Nobelpreisträger im Mai 2011 mit dem Stockholm-Memorandum an die UN-Vertreter wenden und weitreichende Vorschläge zur Vorbereitung der Rio+20-Konferenz machen und einen konkreten weltweiten Aktionsplan vorlegen.

Weiter so!

This is the moment when we must
come together to save this planet.
Let us resolve that we will not leave our children
a world where the oceans rise and famine
spreads and terrible storms devastate our lands.

BARACK OBAMA

# MUTBÜRGER

Wir brauchen nicht die Wütenden, wir brauchen die Mutigen. Wir brauchen keine empörten Männer und Frauen, die aus reinem Egoreflex heraus krakeelen: Nicht in meinem Vorgarten! Denn nicht mehr als das tun sie, wenn sie gegen Stuttgart 21 oder Windräder protestieren. Mutiger Zorn dagegen ist etwas anderes, er zeigt sich im Engagement und im konstruktiven Gestaltungswillen. Die sind der Demokratie gut und förderlich. Empörung dagegen, die entsteht, wenn eigener Besitzstand gefährdet ist, ist abstoßend. Das ist egoistische Besitzstandswahrung unter dem Deckmäntelchen der »Ausübung von Basisdemokratie«. Stuttgart 21 hat mich zunächst elektrisiert, dann aber nachdenklich gemacht, als sich zeigte, dass da eine Energie aufgebracht wurde, die bei anderen, weit wichtigeren Themen eben nicht zu spüren ist. Oder haben Sie die engagierten Stuttgarter noch einmal irgendwo anders gesehen?

Der Proteststurm gegen Stuttgart 21 hat erst begonnen, als die Bagger kamen. Wo waren all die Wutbürger während des jahrelangen Planungsverfahrens? Warum gingen die Berliner Hausbesitzer am schönen Müggelsee erst in dem Moment auf die Straße, als die Flugrouten geändert wurden und die Flugzeuge plötzlich über das traute Eigenheim donnerten? Weil es ihnen nicht um ein grundsätzliches Anliegen geht, sondern um ein persönliches.

Der Erkenntnisprozess der Wutbürger setzt erst und ausschließlich ein, wenn ihr eigenes Wohl gefährdet ist. **Wutbürger wollen bewahren. Mutbürger hingegen wollen verändern, eingreifen und mitgestalten.** Ihre lebendigste Form erreichten sie am 17. September 2011 im Zucotti Park im New Yorker Finanzdistrikt: Die Occupy-Bewegung besetzte die Wall Street unter dem Motto »We are the 99 percent«. Intellektuelle, Schauspieler und Politiker schlossen sich der Occupy-Bewegung an. We are the 99 percent – Wir sind die 99 Prozent Bevölkerung im Vergleich zu dem einen Prozent der reichsten Amerikaner, die über bis zu 40 Prozent des gesamten Vermögens verfügen. Diese 99 Prozent setzten sich massiv in Szene, sie protestierten mit Plakaten, auf denen sie die Situation schilderten, in der sie leben: Armut, Schulden, arbeitslos trotz guter Ausbildung. Das soziale System in Amerika ist gekippt.

Die Occupy-Bewegung zeigt, nachdem sie anfänglich von vielen belächelt wurde, dass Protest wirkt. Es ist die Kraft dieser Bewegung, die Menschen weltweit zum Staunen – und Handeln – bringt. Und sie zeigt, dass nur die Masse Schwungkraft bringt. Protest muss von Eliten angestoßen werden, von Vordenkern, Vorreitern, Vormachern. Aber die Masse erst bewegt Politiker und Unternehmer. Die Occupy-Bewegung ist eine Befreiungsbewegung. Menschen wehren sich gegen die aggressive Wirtschaftspolitik ihrer Staaten. Die Protestierer sind politischer als ihre Regierung. Mutbürger schaffen es, eine Energie freizusetzen, die ihnen Stärke und Masse verschafft. Diese Energie zieht Menschen an, die sich dem Protest anschließen. Es ist einfach ein Unterschied, wenn Hunderttausende auf die Straße gehen.

Ich bin überzeugt, dass die Antiatomkraftdemonstrationen in Deutschland im Jahr 2010 die Grundlage für den schnellen Atom(wieder)ausstieg der Bundesregierung nach der Katastrophe von Fukushima waren. Und auch hier rentiert sich Wachsamkeit, denn schon fangen die Ersten wieder an, von der Unbezahlbarkeit der Energiewende zu sprechen und von der sozialen Härte, die dadurch entstehen könnte. Ob da nicht noch eine neuerliche Wende durch die Hintertür kommen soll? **Ein guter Zorn kann auch hier beizeiten Wunder wirken.**

I wish for a better world
or a thicker skin.

ERIN 32

# WER KANN, GEHT VORAN

2004 haben George Clooney und Leonardo DiCaprio bei der Oscarverleihung Flagge gezeigt und einem schrecklich hässlichen Auto zu einem ungeahnten Erfolg verholfen: dem Toyota Prius – einem Auto mit Hybridantrieb.

In Deutschland fehlt es an solchen Vorbildern.

Unsere Persönlichkeiten haben Angst, diese Rolle zu übernehmen. Eine Standardantwort, die ich in Gesprächen über eine Vorbildfunktion bekomme, ist diese: »Ich bin so was von nicht perfekt, ich fliege zu viel. Deshalb kann ich mich nicht zum Sprecher gegen den Klimawandel aufspielen.« Dieses Phänomen wird von unserem Redakteur Simon Reichel sehr treffend als »Engelskomplex« bezeichnet. All denen, die davon betroffen sind, sei eines gesagt: Niemand erwartet, dass Vorbilder perfekt sind. George Clooney verfeuert sicher ebenso viele Flugmeilen wie berühmte deutsche Popstars oder Schauspieler, und er macht nebenbei noch Werbung für ein Unternehmen, dem ich in herzlicher Abneigung zugetan bin: Nestlé. Trotzdem engagiert er sich über die Maßen für Themen, die ihm wichtig sind: Seine Reise in den Sudan, sein Einsatz als UN-Friedensbotschafter zeigen, dass er bereit ist, seinen Ruhm zu nutzen, und mehr noch: Risiken einzugehen. Und damit meine ich nicht das Risiko, nicht perfekt zu sein.

Wir brauchen Stars und Unternehmer, die Flagge zeigen, so wie Elon Musk (Tesla), Jeff Skoll (Paypal), Richard Branson (Virgin) und andere. Menschen, die Position beziehen, die sagen, wofür sie stehen, und sich trotz allem treu bleiben. Wir brauchen die Eliten. Wir brauchen die Intellektuellen. Wir brauchen alle,

**die an die Gestaltbarkeit unserer Gesellschaft, unserer Umgebung und unserer Welt glauben und optimistisch sind.** Wir brauchen Leute an den Schalthebeln der Macht, egal wie groß oder klein sie sind. Wir brauchen Leute mit Einfluss, egal wie groß oder klein der ist.

**Glaube niemand, er gehöre nicht zu irgendeiner Elite.** Mit der Gestaltungselite, die ich hier anspreche, sind alle gemeint, die nicht krank, verarmt oder anderen Widrigkeiten des Überlebens ausgesetzt sind. Gestaltungselite sind viele von uns. Und da entlasse ich niemanden aus der Verantwortung. Nicht die Kindergärtnerin und Lehrerin, die das Weltbild meiner Kinder formt. Nicht den Jugendgruppenleiter, den Pfarrer. Nicht die Werber und Kommunikationsfachleute, die uns ein Bild von der Welt entwerfen, an das wir glauben sollen. Nicht die Rechtsanwälte, nicht unsere Künstler. Schon gar nicht unsere Wissenschaftler und die Protagonisten an den Schalthebeln der Macht. Sei es in Unternehmen oder in der Politik. Besonders sie sind gefordert, sich vorn anzustellen und Menschen zu begeistern.

Ganz besonders ist meine Aufmerksamkeit der Wirtschaft gewidmet. Ihren Vorbildern habe ich mit »It's the economy, stupid!« (S. 121 ff.) ein Kapitel gewidmet. Und darin darauf aufmerksam gemacht, dass selbst die dicksten Schiffe den Kurs ändern können. Ebenso sind Vorbilder in der Politik bitter nötig. Welcher Politiker setzt sich sichtbar und maßgeblich für das Thema Nachhaltigkeit ein? Wer ist das politische Gesicht der Nachhaltigkeit? Ich kenne keinen. Mit Ausnahme von Ex-Politikern wie Klaus Töpfer, der jetzt, nach Ende seiner politischen Laufbahn, unbeirrt die Stimme erhebt und zu einer moralischen Instanz geworden ist.

Jeder von uns kann in einem bestimmten Maß vorangehen. **Jeder von uns kann Position beziehen.** Jeder von uns kann versuchen, andere für seine Position zu begeistern. Jeder von uns kann Zeichen setzen. Jeder von uns kann ein Beispiel sein. Jeder von uns kann nach außen strahlen. Und einige tun es bereits. Aber die meisten tun es eben nicht. Zum einen, weil wir denken, wir könnten ja doch nichts ausrichten. Zum anderen, weil Stellung beziehen und Engagement tatsächlich immer noch nicht wirklich in unserer kulturellen DNA angekommen sind.

**Eines Tages wird man fragen: Was haben die Politiker in dieser Zeit getan, als sie wussten, dass sie Dinge versprachen, die nicht zu halten waren? Was haben Unternehmenschefs getan, als sie erkannten, welches Unheil ihr Wirtschaften in die Welt bringt? Und was haben wir alle getan, als wir erkannt haben, dass das Schiff, auf dem wir fahren, auf einen Eisberg zufährt?** Es wäre fatal, wenn wir alle die Krise ungenutzt verstreichen ließen und nicht die Chance ergriffen, das Schlagwort von der Selbstbestimmung der europäischen Bürgerschaft mit Inhalten zu füllen. Kritiker könnten jetzt einwerfen, wir hätten dafür nicht die Kompetenz.

Ich möchte dem widersprechen. Jetzt kommt es auf die Kompetenzen aller an. Wir werden für die Gestaltung des Wandels eine Vielzahl von Kenntnissen und Erfahrungen brauchen. Es geht auch um kulturelle Kompetenzen, politische Willensbildung und vor allem um kommunikative Kompetenz. Wir müssen neue Werte definieren und zu einer neuen Weltanschauung finden, bei der individuelles, politisches, gesellschaftliches und wirtschaftliches Handeln einem übergeordneten Ziel folgen. Die Definition dieser neuen Kultur liegt an uns.

Zum Glück gibt es Pioniere, wie zum Beispiel Bill Drayton, der Gründer der Non-Profit-Organisation Ashoka, die dem Gedanken dieser neuen Kultur Gehör verschaffen. Ashoka unterstützt wirkungsvoll die Idee des Social Entrepreneurship. Auch in Deutschland gibt es Menschen, die mich tief beeindrucken. Ein paar von ihnen möchte ich beispielhaft hervorheben. Es sind noch viel zu wenige von diesen mutigen Menschen, die sich streitbar machen und ein Risiko eingehen. Sie, die Pioniere, kostet ihr Vorangehen sehr viel Kraft. Wir profitieren davon. Zeit also, sich bei ihnen zu bedanken.

Unter den Menschen des öffentlichen Lebens möchte ich stellvertretend für alle über Hannes Jaennicke sprechen. Ich habe ihn kennengelernt als einen Überzeugungstäter, wie ich noch keinen erlebt habe. Er weiß über bestimmte Bereiche der Nachhaltigkeit wesentlich mehr als ich und viele andere, und er ist 24 Stunden am Tag auf Empfang. Ich bin froh, dass es ihn gibt und er so rastlos die Themen, die ihm wichtig sind, anspricht. Und ich bin froh, dass er seit so vielen Jahren Kurs hält.

Es gibt natürlich noch ein paar weitere Prominente, die aktiv sind, aber es könnten noch so viel mehr sein. Und sie könnten lauter sein. Wir brauchen sie!


In Zeiten wie diesen braucht es auch Wissenschaftler, die sich auf die öffentliche Bühne stellen, Politiker schütteln, uns schütteln und uns erklären, was in diesem Moment auf dem Spiel steht. Und die für Lösungen kämpfen. **Schädelspalter und Lautsprecher sind gefragt.** Das ist für viele Wissenschaftler eine ungewohnte Rolle. Forschung um der Forschung willen hat für mich aber wenig Wert. Es gibt jedoch zum Glück eine Reihe von Wissenschaftlern, die sich damit nicht begnügen, die streitbar sind, die sich widerlegen lassen von Gegenstimmen, aber trotzdem Kante zeigen und Kurs halten. Einer der lautesten ist der Klimaforscher Prof. Hans Joachim Schellnhuber. Er hat den undankbaren Weg in die Talkshows gewagt. Er hat versucht die Massen zu mobilisieren, aufzuwecken und zu bekehren. Er kämpft als Leiter des wissenschaftlichen Beirats der Bundesregierung an allervorderster Front für seine Überzeugungen. Die Massen haben nicht sehr gut zugehört, und auch die Bundesregierung hat es zeitweise als lästige Gymnastik abgetan. Er hat trotzdem Kurs gehalten.

Und ich möchte zwei Wissenschaftler erwähnen, die uns am Anfang von Utopia die Grundausbildung verpasst und gemeinsam mit Martin Kleene und mir die Changemaker-Initiative begründet haben: der stellvertretende Geschäftsführer des Öko-Instituts Dr. Rainer Grießhammer sowie der frühere Präsident des Wuppertal Instituts für Klima, Umwelt, Energie, Prof. Dr. Peter Hennicke. Sie glauben wie ich daran, dass der Wirtschaft eine Schlüsselrolle für nachhaltige Entwicklung zukommt, und begleiten Unternehmen, die sich auf den Weg gemacht haben.

Die Changemaker-Initiative ist eine Initiative von Vorreiterunternehmen, die ein öffentliches Bekenntnis zur Nachhaltigkeit ablegen und sich öffentlich auf sehr ambitionierte Nachhaltigkeitsziele verpflichten.

Changemaker-Unternehmen verstehen sich als Pioniere, sie engagieren sich überdurchschnittlich und sind bereit, ihr Wissen und ihre Erfahrungen mit anderen Unternehmen zu teilen.

Schauen Sie mal auf die Website www.utopia.de/changemaker.


So viele Menschen haben sich auf den Weg gemacht, so viele Organisationen und Initiativen.

Jetzt sind wir dran. Ja, auch Sie!

**Egal, was Sie machen – ob Sie Feuerwehrmann sind oder Bürgermeister –, jeder, der kann, gehe bitte voran!**

# DAS ENKELPRINZIP

*Oder: Nachhaltigkeit für Anfänger!*

*Eigentlich ist es gar nicht schwer. Sie brauchen dazu nichts als Ihren gesunden Menschenverstand und eine kleine Daumenregel:*
*Wenn wir alle Entscheidungen vor dem Hintergrund treffen, ob sie die Zukunft unserer Kinder und Enkel verbessern oder verschlechtern, dann kann uns nichts passieren.*

So einfach kann es sein.

Unfuck the world!

# MEIN GENERATIONEN-MANIFEST

## § 1

**Wir, die »Man müsste mal«-Eltern, übernehmen Verantwortung.** Wir öffnen die Augen und erkennen: Es geht ums Ganze. Es geht um die Welt, die wir unseren Kindern hinterlassen wollen. Und nicht nur um unsere vermeintlich kuschelige Nische. Schluss also mit unseren konsequenzlosen »Man müsste mal«-Gedanken.

Ab jetzt zählen unsere Taten, unsere konkreten Beiträge. Wir informieren uns, statt zu ignorieren. Wir setzen uns für ein besseres Bildungssystem für alle ein. Wir werden nicht mehr auf Kosten unserer Kinder leben, denken und handeln, sondern unser Verhalten danach ausrichten, welche Konsequenzen es für unsere Kinder hat.

Danach richten wir unsere politischen Entscheidungen aus. Danach richten wir unsere Konsumentscheidungen aus.

## § 2

**Wir, die »Man müsste mal«-Großeltern, übernehmen Verantwortung.** Wir haben viel Gutes in diesem Land aufgebaut und gestaltet. Aber manches haben wir übersehen, einiges ist noch nicht fertig. Erst wenn wir der Generation unserer Kinder und Enkel unsere Weisheit und Erfahrung zur Verfügung gestellt und sie darin unterstützt haben, die Mission zu beenden, die wir einmal angefangen haben, können wir uns zufrieden zurücklehnen. Vorher nicht.

## § 3

**Wir, die »Man müsste mal«-Jugend, übernehmen Verantwortung.** Für uns und unsere Zukunft. Wir messen unsere Eltern, die Politik, die Institutionen, die unsere Zukunft gestalten, daran, ob sie ihr gerecht werden. Und behandeln sie entsprechend. Und wir selbst ändern unser Verhalten. Wir informieren uns, statt zu ignorieren. Firmen, die mit ihren Produkten, ihrem Verhalten unsere Zukunft gefährden, strafen wir mit Missachtung. Und fordern sie zur Veränderung heraus. Politiker, die mit ihren Entscheidungen unsere Zukunft aufs Spiel setzen, wählen wir nicht. Und bewegen sie, ihre Programme zu überdenken. Wir werden jetzt selbst aktiv und gestalten die Welt mit unseren Ideen für eine bessere Zukunft. Jeden Tag. Mit kleinen und großen Schritten. Ganz unmittelbar.

## § 4

**Wir, die »Man müsste mal«-Eliten, übernehmen Verantwortung.** Wir informieren, statt totzureden. Wir exponieren uns und gehen ein Risiko ein. Wir überzeugen, statt abzuwägen. Wir fordern Taten, konkret, und gehen selbst mit gutem Beispiel voran. Wir verändern, statt zu zerreden. Wir sind uns unserer Vorbildfunktion bewusst und nehmen sie ernst. Nicht nur in den Talkshows, Feuilletons und Bürgersalons. Sondern im wahren Leben.

# § 5

**Wir, die »Man müsste mal«-Konsumenten, übernehmen Verantwortung.** Unsere Art zu leben, zu interagieren und zu konsumieren kommt in Bewegung. In Bewegung gebracht wird sie von uns, den Konsumenten. Die Geräte, die wir benutzen, die Kleider, die wir tragen, das Essen, von dem wir uns ernähren, die Verpackungen, die wir dazu brauchen, die Energie, die wir bei alldem verbrauchen – wir sind uns unserer Verantwortung und unserer Verbrauchermacht bewusst. Wir wollen weiter konsumieren. Aber nicht mehr um jeden Preis. Deshalb fordern wir von denen, von denen wir unseren Konsum befriedigen lassen, eine andere Art des Wirtschaftens. Wir verlangen eine neue industrielle Revolution, die Konsum in Einklang mit nachhaltigem und ressourcenschonendem Wirtschaften ermöglicht. Wir fordern in allen Kategorien Unternehmen als Changemaker, die die neue industrielle Revolution anführen und anderen den Weg zeigen. Denen werden wir in Zukunft vertrauen. Denen werden wir in Zukunft unsere Konsumwünsche anvertrauen. Der Erfolg jeder Revolution liegt in der Kraft des Glaubens, dass sie erfolgreich sein wird. Und in der Anzahl der Menschen, die diesen Glauben teilen. Wir sind viele. Viel mehr, als viele Unternehmen es sich im Moment vielleicht vorstellen. Für uns ist der Status quo wirtschaftlichen Handelns nicht länger akzeptabel. Wir wollen den Wechsel, und wir wollen Unternehmen, die diesem Wechsel vorangehen.

# § 6

**Wir, die »Man müsste mal«-Manager, übernehmen Verantwortung.** Bei unseren Entscheidungen vergessen wir nie, dass wir auch Väter und Mütter sind von Kindern, deren Zukunft in unseren Händen liegt. So wie die Zukunft der Kinder unserer

Mitarbeiter. Unternehmerische Verantwortung heißt, Entscheidungen zu treffen, die mit unserer Verantwortung als Menschen vereinbar sind. Gewinne sind da okay, wo sie nicht im Widerspruch zu einer nachhaltig besseren Zukunft gemacht werden. Shareholder-Value ist da gut, wo er nicht auf Kosten unser aller »Life-Value« entsteht.

## § 7

**Wir, die »Man müsste mal«-Investoren, übernehmen Verantwortung.** Bisher investierten wir, um den Wert unserer Vermögen zu vermehren. Das schien uns legitim. Ab jetzt investieren wir in Firmen und Ideen, wenn wir damit gleichzeitig den Wert der Welt um uns herum vermehren. Das legitimiert uns in Zukunft. Wir sind uns der Chancen bewusst, die jeder Euro, den wir investieren, für unsere Zukunft eröffnen kann. Und der Verantwortung, die uns daraus erwächst. Wir handeln danach.

## § 8

**Wir, die »Man müsste mal«-Politiker, übernehmen Verantwortung.** Unsere Legitimation ist die Sicherung und Gestaltung der Zukunft unserer Welt. Wir wissen, dass das keine Frage einer Legislaturperiode ist. Und dass wir unserer einzigen Aufgabe nicht durch Parteigezänk, Wahltaktiererei und Postendenken gerecht werden. In Zukunft werden wir danach handeln. Langfristig und verantwortungsvoll, parteiübergreifend zum Wohl derer, die uns gewählt haben. Wir werden zuhören und handeln. Und uns auch nicht von noch so starken Lobbyisten vom richtigen Weg abbringen lassen.

# § 9

**Wir, die »Man müsste mal«-Wissenschaftler, übernehmen Verantwortung.** Denn: Nur weil etwas machbar ist, ist es noch lange nicht richtig. Wir gestalten Fortschritt, der zu einer nachhaltig besseren Welt führt. Mit diesem Gestaltungswillen kämpfen wir in unseren Laboren, Universitäten und Instituten. Jeden Tag. In diesen unübersichtlichen Zeiten werden wir uns als Vermittler und Übersetzer zwischen Politik, Wirtschaft und Zivilgesellschaft engagieren. Und uns aktiv und hörbar in Meinungsfindungsprozesse einbringen!

# § 10

**Wir, die Menschen der »Man müsste mal«-Generation, übernehmen Verantwortung.** Wir glauben an Utopia. Utopia ist machbar. Jetzt. Mit kleinen Schritten jeden Tag. Mit großen Schritten da, wo sie möglich sind. Wir belohnen nachhaltige Politik mit Wahl und nachhaltige Produkte mit Kauf. Wir belohnen jeden richtigen Schritt in eine nachhaltige Welt mit Lob und Anerkennung. Als Motivation für die nächsten Schritte. Und wir streichen »man müsste mal« aus unserem Sprachschatz. Wir machen. Wir. Jeder Einzelne von uns und wir gemeinsam. Jeden Tag. Von diesem Weg und diesem Ziel lassen wir uns nicht abbringen. Niemals und von niemandem. Sondern unterstützen uns gegenseitig. Denn diese Welt hat etwas Besseres verdient als eine »Man müsste mal«-Generation, die sie vor die Hunde gehen lässt. Wir werden diese Welt der nächsten Generation besser übergeben, als wir sie vorgefunden haben.

# LASST UNS
# ANFANGEN ZU STREITEN

Hier sind wir also: fast am Ende. Des Buches.

Ich hab mir meine Sorgen und Hoffnungen von der Seele geschrieben.

Und mich die ganze Zeit gefragt, was Sie wohl dazu denken?

Ob Sie einverstanden sind oder empört, ob Sie meine Einschätzung für hirnrissig halten oder für zutreffend.

Was Ihre Ideen sind, wie wir den Karren aus dem Dreck ziehen und ob wir »gemeinsame Sache« machen können.

Jetzt warte ich förmlich auf Sie!

Ich warte auf Ihr Feedback, Ihre Zustimmung und gern auch auf Ihren Widerspruch. Alles ist wichtig.

Alles ist besser als »weiter wie bisher«.

Der Platz für Feedback aller Art ist meine Website:

www.diegenerationmanmuesstemal.de

Ich freue mich auf Sie.

One final paragraph of advice:

Do not burn yourself out. Be as I am – a reluctant enthusiast … a part time crusader, a half-hearted fanatic. Save the other half of yourselves and your lives for pleasure and adventure. It is not enough to fight for the land; it is even more important to enjoy it. While you can. While it is still there. So get out there and mess around with your friends, ramble out yonder and ex-plore the forests, encounter the grizz, climb the mountains. Run the rivers, breathe deep of that yet sweet and lucid air, sit quietly for a while and contemplate the precious stillness, that lovely, mysterious and awesome space. Enjoy your-selves, keep your brain in your head and your head firmly attached to your body, the body active and alive, and I promise you this much: I promise you this one sweet victory over our enemies, over those deskbound people with their hearts in a safe deposit box and their eyes hypnotized by desk calculators. I promise you this: you will outlive the bastards.

EDWARD ABBEY

# DANKSAGUNG

Auf meinem Weg zu mehr Achtsamkeit hatte ich viele Lehrer. Manche kenne ich mit Namen, viele nicht. Ich lerne durch Beobachtung und Gespräche. Streitgespräche vor allem, Debatten und Diskurse. Ich liebe es, Gedanken in die Luft zu werfen und darauf zu warten, wie sie aufgefangen werden. Was sie in anderen auslösen.

Darum danke ich jetzt erst einmal allen Taxifahrern (mit ihnen habe ich in der Anonymität und gleichzeitig Intimität des geschlossenen Raums immer schon leidenschaftlich gern diskutiert), Kindergärtnerinnen, Lehrern, Werbern, Kollegen, Mitarbeitern, Journalisten, Managern, Polizisten (mit denen ich als hitzige junge Autofahrerin öfter mal zu tun hatte), Unternehmern, Gurus, Pfarrern und vielen Menschen mehr für unsere Gespräche.

Die Hälfte dessen, was ich gehört habe, fand ich bedenkenswert und interessant. Die andere Hälfte abstoßend und hirnrissig. Gelernt habe ich von beiden gleich viel.

Dann natürlich meinen Eltern, die beide vehemente Verfechter ihrer Ansichten sind und mir eine ganze Portion Kampfgeist mit auf den Weg gegeben haben.

Ich danke meinen Kindern, **Max, Lilli und Fanni,** die meine härtesten Kritiker sind, gelegentlich ungerecht, immer schonungslos, aber zutiefst ehrlich und sehr vertrauensvoll. Der Versuch, Euch zu begleiten und es gut zu machen, ist ein Weg der fortdauernden Selbstreflexion, des Wachstums und der Liebe. Ihr seid mein Antrieb, mein Glück und meine Kraftquelle.

Dasselbe gilt für **meine Liebe!** Du bist herausfordernd und anspornend und ein sicherer Heimathafen. Du hast mich auf den

Boden geholt und mir gezeigt, dass die Freude oft genug in der Nähe liegt. Du beruhigst mich, wenn ich aufdrehe, und hast mir viel Sicherheit und Kraft gegeben, wenn ich dachte, ich bekomme dieses Buch niemals fertig. Dafür und so vieles mehr: Danke!

Danke, **Nicole Zepter,** für einen filmreifen Endspurt beim Schreiben dieses Buches und viele tolle Gedanken, die Du mit eingebracht hast. Unsere WG-Zeit in der Endphase des Buches bleibt eine tolle Erinnerung.

Danke, **Stefanie** und **Stefan,** für die wunderschöne Titelgestaltung dieses Buches!

Danke, **Margit,** für 15 Jahre gemeinsamen Weges und Zusammenarbeit. Wir haben viel erlebt und sind miteinander und aneinander gewachsen. Ich vertraue Dir blind und bin dankbar für Deine Rettungsversuche, wenn ich wieder einmal zu viel Bälle in der Luft habe. Ohne Dich und **Meike** würde dieses Buch nicht vor uns liegen. I owe you!

Mein Dank gilt **Gregor,** der 21 wahnsinnige, vor allem wahnsinnig tolle Jahre mit mir verbracht hat. Was ich bin, bin ich mit Dir geworden, Du warst mein Freund, meine Inspiration und bereit für jede Menge Abenteuer.

Meine **Tante Cilli** war der Fels in der Brandung meiner Kindheit und Jugend. Deine Kraft, Deine Sturheit und Deine Geradlinigkeit haben mich geprägt und gerettet. Danke!

**Daniel,** ein warmes Gefühl für einen Menschen, den ich seit seinem ersten Lebenstag kenne, und große Dankbarkeit für das eine Streitgespräch über die Frage, ob ich meine Werte verraten habe oder Kurs halte. Das war der Anfang vom Ende meiner Werberlaufbahn. Habe ich Dir das je gesagt?

Meine Geschwister **Sarah** und **Bernhard.** Ihr seid mehr als Geschwister, Ihr seid kostbar, Ihr seid Familie, immer da, auch wenn Ihr viel zu weit weg seid. Bei Euch kann ich mich fallenlassen (und tue es trotzdem zu selten). Danke.

Ich danke **Marie-Luise Wolff, Michael Otto, René Obermann,**

**Götz Rehn** und so vielen anderen reflektierten und visionären Unternehmern und Vorständen, weil sie mir Hoffnung gemacht haben, dass reflektierte Männer (und vielleicht auch bald mehr Frauen) an der Spitze von großen Unternehmen Risiken eingehen und Verantwortung übernehmen. Zu wissen, dass es Menschen wie sie gibt, hat mich weit getragen. Danke für das Vertrauen und die offenen Gespräche.

Danke an **Martin Kleene,** einen Freund, wie man ihn sich nur wünschen kann. Ein Herz »wie ein Bergwerk«, ein brillanter Kopf und mit einer Treue ausgestattet, die selten ist. Du warst mein strengster Kunde und mein ehrlichster und treuester Wegbegleiter. Utopia und ich sind an Dir gewachsen!

Danke an **Hubertus von Lobenstein** für jahrelanges »headbanging«, Widerworte. Inspiration, Ideen, gute Laune, unsere WG in Berlin und die tolle Idee zum Manifest der Generation »Man müsste mal«.

Ein Extra-Dank all meinen **Freundinnen,** die mir in den letzten Jahren so viel zugehört haben. You know, who you are …


Ein extra danke auch an das Zentrum unseres Universums: **Gerti.** Ohne Deine immense Unterstützung wäre dieses Buch nie fertig geworden. Danke dafür, danke für Dein Lächeln und so viel mehr!

Ich danke überhaupt allen Menschen, die uns blutigen Greenhorns von Utopia seit 2006 so viel Vertrauen auf Pump und noch mehr Wissen geschenkt haben; die Gespräche mit Euch waren beglückend, warm, lehrreich, immer wohlwollend, aber eben auch streng. Stellvertretend für alle geht mein Dank an **Prof. Peter Hennicke** und **Dr. Rainer Grießhammer** für Geduld, Nachsicht und »training on the job«. Ihr wolltet, dass wir es gut machen, und habt uns Anfälle von Oberflächlichkeit immer schnell und gründlich ausgetrieben.

**Margit Ketterle!** Sie haben an dieses Buch und mich geglaubt, mich verfolgt und mich in mein Glück und Unglück als Jungautorin geschubst. Das haben Sie jetzt davon – ich wünsche uns, dass es klappt.

Ich könnte hier ewig weitermachen.

Ich bin auf der Reise nach Utopia von so vielen Menschen warm empfangen worden und habe viel Verbundenheit erfahren dürfen. Das war ein großes Geschenk.

Alle, die Ihr nicht erwähnt, aber mir doch nahe seid, bitte verzeiht mir. Ich versuche es wiedergutzumachen.

**Wir sehen uns in Utopia.**

Mich interessiert vor allem die Zukunft,
denn das ist die Zeit,
in der ich leben werde.

ALBERT SCHWEITZER

# WEITERLESEN, KLICKEN, SEHEN

## Aufrüttelnde Lektüre

Wissenschaftlicher Beirat der Bundesregierung Globale Umweltveränderungen (Hg.): Welt im Wandel. Gesellschaftsvertrag für eine Große Transformation, WBGU, Berlin 2011

Bund für Umwelt und Naturschutz, Brot für die Welt und Evangelischer Entwicklungsdienst (Hg.): Zukunftsfähiges Deutschland in einer globalisierten Welt. Ein Anstoß zur gesellschaftlichen Debatte. Eine Studie des Wuppertal Instituts für Klima, Umwelt, Energie, Fischer Taschenbuch Verlag, Frankfurt a. M. 2010

Thoreau, Henry D.: Walden oder Leben in den Wäldern, Anaconda Verlag, Köln 2009

Prantl, Heribert: Wir sind viele. Eine Anklage gegen den Finanzkapitalismus, Süddeutsche Zeitung / Bibliothek, München 2011

Welzer, Harald: Klimakriege. Wofür im 21. Jahrhundert getötet wird, S. Fischer Verlag, Frankfurt a. M. 2010

Henzelmann, Torsten: Re:think CEO 3. Erfolg durch GREEN TRANSFORMATION, Bruno Media GmbH, Köln 2010

Leggewie, Claus, und Welzer, Harald: Das Ende der Welt, wie wir sie kannten. Klima, Zukunft und die Chancen der Demokratie, S. Fischer Verlag GmbH, Frankfurt a. M. 2009

Schor, Juliet B.: Plenitude. The New Economics of True Wealth, The Penguin Press, New York 2010

Grießhammer, Rainer: Der Klima-Knigge. Energie sparen, Kosten senken, Klima schützen, Booklett, Berlin 2007

Chang, Leslie T.: Factory Girls. From Village to City in a Changing China, Spiegel & Grau, New York 2009

Hennicke, Peter, und Welfens, Paul J. J.: Energiewende nach Fukushima: Deutscher Sonderweg oder weltweites Vorbild?, Oekom Verlag, München 2012

Tapscott, Don, und Williams, Anthony D.: Macrowikinomics. Rebooting Business and the World, Portfolio Penguin, New York 2010

Wolf, Eberhard: Die Bergpredigt. Eine Interpretation in Bildern der Gegenwart, Pattloch Verlag, München 2009

Lanz, Klaus, Müller, Lars, Rentsch, Christian, und Schwarzenbach, René: Wem gehört das Wasser?, Lars Müller Publishers, Baden (Schweiz) 2006

Mau, Bruce: Massive Change. A Manifesto for the Future of Global Design, Phaidon Press, London 2004

Gehl, Jan: Cities for people, Island Press, Washington 2010

Rinke, Andreas, und Schwägerl, Christian: 11 drohende Kriege. Künftige Konflikte um Technologien, Rohstoffe, Territorien und Nahrung, C. Bertelsmann Verlag, München 2012

Meadows, Donella, Randers, Jorgen, und Meadows, Dennis: Grenzen des Wachstums – Das 30-Jahre-Update. Signal zum Kurswechsel, S. Hirzel Verlag, Stuttgart 2006

Werbach, Adam: Strategy for Sustainability. A Business Manifesto, Harvard Business Press, Boston 2009

Gore, Al: Wir haben die Wahl. Ein Plan zur Lösung der Klimakrise, Riemann Verlag, München 2009

Brand, Stewart (Hg.): Whole Earth Catalogue, Jahrgänge 1968–1972

Bornstein, David: Die Welt verändern. Social Entrepreneurs und die Kraft neuer Ideen, Klett-Cotta, Stuttgart 2006

Fuller, R. Buckminster: Operating Manual for Spaceship Earth, Lars Müller Publishers, Zürich 2008

Seymour, John: Selbstversorgung aus dem Garten. Wie man sei-

nen Garten natürlich bestellt und gesunde Nahrung erntet,
Urania, Freiburg i. Br., 2005

# Aufrüttelnde Websites

www.utopia.de
www.treehugger.com
www.guardian.co.uk / environment
www.forumforthefuture.org
www.neweconomics.org
www.futurzwei.de
www.howbigreally.com
www.unpri.org (principles for responsible investments)
www.BBMG.com
www.greenopia.org
www.guardian.co.uk / sustainable-business / blog
www.greenpeace.de
www.ipcc.ch
www.avaaz.org
www.nrdc.org
www.unric.org / html / german / mdg / millenniumerklaerung.pdf

# Aufrüttelnde Filme

### Inside Job
Regie: Charles H. Ferguson
*Dokumentarfilm über die globale Finanzkrise,
ihre Hintergründe und Folgen*

### Eine unbequeme Wahrheit
Regie: Davis Guggenheim
*Dokumentarfilm über die globale Erwärmung*

Unser täglich Brot
Regie: Nikolaus Geyrhalter
*Dokumentarfilm über die
industrielle Nahrungsmittelproduktion*

We feed the world – Essen global
Regie: Erwin Wagenhofer
*Dokumentarfilm über die zunehmende Globalisierung
der Nahrungsmittelproduktion und die wachsende
Massenproduktion von Lebensmitteln*

Plastic Planet
Regie: Werner Boote
*Dokumentarfilm über die Allgegenwärtigkeit von Plastik
und die Gefahren für Mensch und Umwelt*

Taste the waste
Regie: Valentin Thurn
*Dokumentarfilm über die weltweite
Lebensmittelverschwendung*

# § 6

## WIR, DIE »MAN MÜSSTE MAL«-MANAGER, ÜBERNEHMEN VERANTWORTUNG

Bei unseren Entscheidungen vergessen wir nie, dass wir auch Väter und Mütter sind von Kindern, deren Zukunft in unseren Händen liegt. So wie die Zukunft der Kinder unserer Mitarbeiter. Unternehmerische Verantwortung heißt Entscheidungen zu treffen, die mit unserer Verantwortung als Menschen vereinbar sind. Gewinne sind da okay, wo sie nicht im Widerspruch zu einer nachhaltig besseren Zukunft gemacht werden. Shareholder-Value ist da gut, wo er nicht auf Kosten unser aller »Life-Value« entsteht.

# § 7

## WIR, DIE »MAN MÜSSTE MAL«-INVESTOREN, ÜBERNEHMEN VERANTWORTUNG

Bisher investierten wir, um den Wert unserer Vermögen zu vermehren. Das schien uns legitim. Ab jetzt investieren wir in Firmen und Ideen, wenn wir damit gleichzeitig den Wert der Welt um uns herum vermehren. Das legitimiert uns in Zukunft. Wir sind uns der Chancen bewusst, die jeder Euro, den wir investieren, für unsere Zukunft eröffnen kann. Und der Verantwortung, die uns daraus erwächst. Wir handeln danach.

# § 8

## WIR, DIE »MAN MÜSSTE MAL«-POLITIKER, ÜBERNEHMEN VERANTWORTUNG

Unsere Legitimation ist die Sicherung und Gestaltung der Zukunft unserer Welt. Wir wissen, dass das keine Frage einer Legislaturperiode ist. Und dass wir unserer einzigen Aufgabe nicht durch Parteigezänk, Wahltaktiererei und Postendenken gerecht werden. In Zukunft werden wir danach handeln. Langfristig und